2022 한국성결교회
사순절 묵상
고난의 밤을 지나 부활의 아침을 열다

하나님의 말씀과 함께 떠나는

40일의 여정

The Lent Meditation

KB213733

한국성결교회연합회

한국성결교회연합회에서
2022년 사순절 묵상을 출간하게 되어
기쁘고 감사합니다.

개인의 믿음이 중요한 개신교 신앙에서 절기를 지키는 것이 그리 강조되는 편은 아닙니다. 하지만 사순절은 우리 주님을 묵상하기에 아주 좋은 절기입니다. 인간의 연약함을 친히 감당하시며 선한 일을 행하시고 죽음에 이르기까지 순종하신 예수님의 모습은 하나님의 영광에 참여하는 삶이 어떤 것인지 우리에게 잘 보여 줍니다. 우리 믿음의 선배들이 사순절을 통해 그리스도인의 삶을 배워 갔듯이 우리 성결의 사람들도 주님께서 허락하신 이 시기를 잘 활용할 수 있기를 바랍니다.

우리가 함께 속해 있는 존 웨슬리 전통에서는 하나님께서 값없이 주시는 은총을 우리가 적극적으로 받기 위하여 활용할 수 있는 네 가지 수단을 말합니다. 성경, 교회전통, 이성, 경험입니다. 이 묵상집은 사순절이라는 교회 전통에 참여하면서 이 시기를 성경 말씀을 묵상하는 기회로 삼도록 도울 것입니다. 특히 이번 사순절은 코로나의 장기화와 대통령 선거라는 큰 변화와 함께 하는데, 우리가 얼마나 약하고 불안한 자인지 우리의 경험을 정직하게 고백하고, 또한 우리가 이성적으로 깨어서 마음을 다해 하나님의 뜻을 찾고 구하는 데, 사순절 묵상 "40일의 여정"이 잘 사용되기를 바랍니다. 사순절 묵상을 통해 성결의 사람들 모두가 하나님의 은혜를 적극적으로 구하고 누립시다. 고맙습니다.

한국성결교회연합회 대표회장 신민규 목사

일러두기 및 집필자

"사순절 묵상 40일의 여정"은 부활절을 준비하며 따르는 성도들의 순례입니다. 올 해는 3월 2일을 재(Ash)의 수요일로 지킵니다. 사순절을 영어로는 Lent라고 합니다. 어원은 '만물의 소생'입니다. 이 기간에 예수님의 발자취를 따라가는 것은 중요합니다. 왜냐하면 얼어붙었던 생명들이 새롭게 태동하듯 예수 그리스도의 고난의 길을 함께 걷는 다는 것은 새 생명에 대한 소망을 갖기 때문입니다.

"사순절 묵상 40일의 여정"은 예수님의 공생애 궤적을 따라가며 자신을 돌아보는 회개의 기간입니다. 종려나무 가지 태운 재를 이마에 바르고 죄를 고백합니다. 우리의 욕심과 욕망, 거짓을 모두 벗어버리고 진실한 마음으로 회개해야 합니다. 회개하는 마음에 성령의 역사가 일어납니다. 성령의 역사는 예수님을 믿고 사랑하는 성도들에게 큰 위로가 됩니다.

"사순절 묵상 40일의 여정"은 예수님의 부활을 온전히 준비하는 기간입니다. 그리스도인은 예수님의 부활을 통하여 마음에 품고 있던 괴로운 생각과 두려움, 가족과 이웃과의 틀어진 관계, 세상의 불의한 것들에 대한 모든 것을 이기고 회복하고 승리하는 시간을 맞이해야 합니다. 십자가를 의지하고 바라보는 그리스도인에게 부활은 죽어질 것들에 대한 영생의 약속이며 소망입니다.

2022년 "사순절 묵상 40일의 여정"은 한국성결교회연합회 공동사업으로 출간하게 되었습니다. 집필에 참여해 주신 분들께 감사를 드립니다.

초대의 글
신민규 목사(한국성결교회연합회 대표회장, 대한기독교나사렛성결회 총회감독,
　　　　상암동교회 담임)

재의 수요일
지형은 목사(한국기독교목회자협의회 대표회장, 한국기독교총연합 상임회장 및
　　　　이사, 기독교대한성결교회 제115년차 총회장, 성락성결교회 담임)

사순절 2일~14일
신건일 목사(기독교대한성결교회 제115년차 교육부장, 북아현교회 담임)

사순절 15~27일
류형창 목사(예수교대한성결교회 드림교회 담임)

사순절 28~40일
오원근 목사(대한기독교나사렛성결회 대광교회 담임, 한국나사렛선교센터장)

부활주일
이상문 목사(2022년 한국교회 부활절연합예배 대회장, 한교총 공동대표회장,
　　　　예수교대한성결교회 제115년차 100회기 총회장, 두란노교회 담임)

사순절 묵상 이렇게 하세요.
1. 조용한 곳에서 기도와 찬송으로 묵상 시작하기
2. 본문 말씀과 묵상집을 읽고 묵상하기
3. 주어진 기도제목으로 기도하기
*신앙의 동료들과 함께 나누면 더 좋습니다.

차례

<table>
<tr><td>사순절
넷째 주간</td><td>3월 28일(월) 순종이란 멍에를 메면 오히려 자유롭다
3월 29일(화) 경계에서 피는 꽃
3월 30일(수) 성도에겐 상위법이 있다
3월 31일(목) 아빠 아버지
4월 1일(금) '일부'가 아니라 '모든 것'
4월 2일(토) 괘씸죄도 녹이는 사람</td></tr>
<tr><td>사순절
다섯째 주간</td><td>4월 4일(월) 가면 보이고, 순종하면 열리고
4월 5일(화) 예수님의 죽음 만이 소망입니다
4월 6일(수) 문지기로 살아야 합니다
4월 7일(목) 가장 낮은 곳, 거기에서 인정받은 큰 사람
4월 8일(금) 죽으면 삽니다
4월 9일(토) 오직 믿음으로만 주님을 만납니다</td></tr>
<tr><td>고난주간</td><td>4월 11일(월) 호산나! 참 예배자로 주의 구원을 노래합니다
4월 12일(화) 역설 안으로, 그 찬란한 생명 안으로
4월 13일(수) 창조주의 수치와 바꾼 생명
4월 14일(목) 두려움 없이 담대하게
4월 15일(금) 주님보다 앞서지 않고 따라가기
4월 16일(토) 성령이 싸우시게 하라</td></tr>
<tr><td>부활주일</td><td>4월 17일(주일) 생명이 생명을 낳는 따뜻한 동행</td></tr>
</table>

하나님의 말씀이 우리 삶으로

| 본문: 누가복음 18장 9-14절
| 찬송: 204장 주의 말씀 듣고서

가장 행복했던 경험을 떠올려 보십시오. 사람마다 상황이 다르겠지만 아마도 이런 경우에는 누구나 행복할 것입니다. 내가 하는 일에 열매가 실하고 넉넉한 것 말입니다. 그렇습니다. 열매가 사람을 행복하게 합니다.

예수님께서 하나님 나라의 비밀을 말씀해 주시고 해석까지 해주셨습니다. 네 가지 밭의 비유입니다. 농부가 뿌리는 씨는 말씀이고 씨가 떨어진 곳은 사람의 마음입니다. 길가에 떨어진 씨를 새가 먹는 것은 마귀가 말씀을 마음에서 빼앗는 것입니다. 바위 위에 떨어진 씨가 마르는 것은 말씀을 듣고 믿기는 하는데 믿음의 뿌리가 없는 경우입니다. 시련을 당할 때 믿음을 버립니다. 씨가 가시떨기에 떨어진 것은 말씀을 듣기는 하지만 세상의 염려와 재물과 향락에 빠져서 결실하지 못하는 사람입니다. 어떤 씨는 좋은 땅에 떨어집니다. 겸손한 마음으로 말씀을 듣고 깨달아 순종하며 삶의 열매를 누리는 사람입니다.

하나님의 말씀이 우리 삶으로 이어지는 것처럼 큰 복이 없습니다. 공예배의 설교 말씀과 개인의 말씀묵상을 소중히 여기십니까? 말씀이 삶으로 이어지는 복이 넉넉하기를 바랍니다.

누가복음 18장 9-14절

또 자기를 의롭다고 믿고 다른 사람을 멸시하는 자들에게 이 비유로 말씀하시되 두 사람이 기도하러 성전에 올라가니 하나는 바리새인이요 하나는 세리라 바리새인은 서서 따로 기도하여 이르되 하나님이여 나는 다른 사람들 곧 토색, 불의, 간음을 하는 자들과 같지 아니하고 이 세리와도 같지 아니함을 감사하나이다 나는 이레에 두 번씩 금식하고 또 소득의 십일조를 드리나이다 하고 세리는 멀리 서서 감히 눈을 들어 하늘을 쳐다보지도 못하고 다만 가슴을 치며 이르되 하나님이여 불쌍히 여기소서 나는 죄인이로소이다 하였느니라 내가 너희에게 이르노니 이에 저 바리새인이 아니고 이 사람이 의롭다 하심을 받고 그의 집으로 내려갔느니라 무릇 자기를 높이는 자는 낮아지고 자기를 낮추는 자는 높아지리라 하시니라

오늘의 기도 주님, 공예배의 자리를 소중히 여기며 말씀묵상에 힘쓰며 살게 하소서.

예수님을 증거 하는 삶

| 본문: 요한복음 1장 29-34절
| 찬송: 85장 구주를 생각만 해도

지식이 힘이란 말이 있습니다. 더 빨리 더 정확하게 정보를 얻었을 때, 그것을 통해 훨씬 더 많은 유익을 얻게 됩니다. 어디서 어떻게 정보를 수집하느냐에 따라 지식의 폭도 넓어집니다.

본문에 나오는 세례 요한이 예수님에 대한 지식을 과연 어디서 알았을까요? 그는 "보라 세상 죄를 지고 가는 하나님의 어린 양"(29절)이라고 말합니다. 그의 이 지식은 구약 성경에서 온 것입니다. '죄를 지고 가는 어린 양'은 구약 제사 제도에서 희생 제물을 연상하게 합니다. 이처럼 어린 양을 속죄 제물로 받쳤을 때, 그 사람의 죄가 용서를 받았습니다. 이것을 세례 요한은 정확히 알고 있었고 예수님에게 그대로 적용한 것입니다. 세례 요한은 "내가 전에 말하기를 내 뒤에 오는 사람이 있는데 나보다 앞선 것은 그가 나보다 먼저 계심이라"(30절)고 말할 정도로 메시아가 오실 것을 예고했습니다. 하지만 예수님이 곧 성령으로 세례를 베풀 분이신 줄 알지 못했던 것입니다. 그가 "나도 그를 알지 못하였으나"(31절)라고 말했던 맥락이 이렇습니다. 구약이 말하는 메시아에 대한 지식은 정확했습니다. 하지만 그 메시아가 예수님이신 것은 나중에 알게 되었습니다. 중요한 것은 예수님의 정체를 알게 된 이후 그는 "그가 하나님의 아들이심을 증언"하기 시작했다는 점입니다. 객관적인 지식이 주관적인 확신으로 자리 잡는 순간입니다. 지식이 확신으로 바뀔 때 사람이 얼마나 변하는지를 확실히 보여줍니다.

따라서 단순한 지식을 넘어 우리는 예수님에 대한 개인적인 확신을 굳건히 해야 합니다. 이것이 우리가 이 세상에서 예수님을 강력히 증거 할 수 있는 내적인 힘입니다.

요한복음 1장 29-34절

이튿날 요한이 예수께서 자기에게 나아오심을 보고 이르되 보라 세상 죄를 지고 가는 하나님의 어린 양이로다 내가 전에 말하기를 내 뒤에 오는 사람이 있는데 나보다 앞선 것은 그가 나보다 먼저 계심이라 한 것이 이 사람을 가리킴이라 나도 그를 알지 못하였으나 내가 와서 물로 세례를 베푸는 것은 그를 이스라엘에 나타내려 함이라 하니라 요한이 또 증언하여 이르되 내가 보매 성령이 비둘기 같이 하늘로부터 내려와서 그의 위에 머물렀더라 나도 그를 알지 못하였으나 나를 보내어 물로 세례를 베풀라 하신 그이가 나에게 말씀하시되 성령이 내려서 누구 위에든지 머무는 것을 보거든 그가 곧 성령으로 세례를 베푸는 이인 줄 알라 하셨기에 내가 보고 그가 하나님의 아들이심을 증언하였노라 하니라

| 오늘의 기도 | 주여, 예수님을 아는 것에서 확신을 가진 증거자의 삶으로 살게 하소서. |

예수님을 보고 배우는 삶

| 본문: 요한복음 1장 35-42절
| 찬송: 86장 내가 늘 의지하는 예수

소문난 맛집을 찾아다니며 소위 먹방을 하는 유튜버들이 있습니다. 시청자들은 간접 경험을 통해 마치 맛있는 음식을 먹은 것 같은 만족감을 느끼기도 합니다. 유튜버의 경험에 그치지 않고 보는 이들에게도 간접경험으로 전달되어 관심을 가지게 되는 일은 자연스럽습니다.

이런 관점에서 본문의 내용이 훨씬 쉽게 다가올 것입니다. 세례 요한은 29절에 이어 36절에서도 예수님을 가리켜 '하나님의 어린 양'이라고 증거합니다. 이번에는 그의 제자 중 두 사람이 그 이야기를 직접 듣습니다. 스승을 믿고 따르던 두 제자는 특이하게도 스승의 말을 듣고 곧바로 예수님을 따릅니다. 그들이 예수님을 따른 행위는 스승에 대한 신뢰가 그만큼 컸기 때문입니다. "요한의 말을 듣고 예수님을 따르는 두 사람"(40절)이란 말씀은 요한의 열정이 자신의 두 제자에게 전달된 것을 보여줍니다. 요한의 두 제자 중 하나인 안드레는 형제인 베드로에게 "우리가 메시아를 만났다."(41절)라고 하면서 형제인 베드로를 찾아가 증언하였습니다. 그는 메시아로서 예수님을 보고 들었던 것입니다. 자신의 스승 요한의 증언인 '하나님의 어린 양'이라는 말씀이 무엇을 뜻하는지 직접 예수님과 함께 머물면서 확인한 것입니다. 그렇기에 그는 '우리가 메시아를 만났다.'라고 자신있게 증언할 수 있었던 것입니다. 교회는 누구에게나 열려 있습니다. 그리고 찾아오는 이들에게 예수님의 이야기를 들려주어야 합니다. 사람들의 현실적인 필요를 채워주는 것도 중요하지만, 영원한 생명의 신비를 알려주어야 합니다. 그 시간이 얼마나 걸리든 상관없이 '우리가 메시아를 만났다.'라는 진실 된 고백이 그들에게 전달되는 것이 가장 중요합니다.

이처럼 교회는 예수님의 공동체로서 예수님과 함께 동행 하는 것을 보고, 배우고, 증언하는 열정으로 넘쳐나야 합니다. 내가 만난 예수님을 증언하는 삶은 성도의 중요한 자세입니다.

요한복음 1장 35-42절

또 이튿날 요한이 자기 제자 중 두 사람과 함께 섰다가 예수께서 거니심을 보고 말하되 보라 하나님의 어린 양이로다 두 제자가 그의 말을 듣고 예수를 따르거늘 예수께서 돌이켜 그 따르는 것을 보시고 물어 이르시되 무엇을 구하느냐 이르되 랍비여 어디 계시오니이까 하니 (랍비는 번역하면 선생이라) 예수께서 이르시되 와서 보라 그러므로 그들이 가서 계신 데를 보고 그 날 함께 거하니 때가 열 시쯤 되었더라 요한의 말을 듣고 예수를 따르는 두 사람 중의 하나는 시몬 베드로의 형제안드레라 그가 먼저 자기의 형제 시몬을 찾아 말하되 우리가 메시야를 만났다 하고 (메시야는 번역하면 그리스도라) 데리고 예수께로 오니 예수께서 보시고 이르시되 네가 요한의 아들 시몬이니 장차 게바라 하리라 하시니라 (게바는 번역하면 베드로라)

오늘의 기도	주여, 메시아를 만난 증거자의 삶을 살 수 있게 인도하소서.

예수님을 인격적으로 만남

ㅣ 본문: 요한복음 1장 43-51절
ㅣ 찬송: 90장 주 예수 내가 알기 전

'열 길 물속은 알아도 한 길 사람 속은 모른다.'는 속담이 있습니다. 사람의 마음을 아는 것이 얼마나 어려운가에 누구나 동의를 합니다.

하지만 예수님은 속마음을 훤히 들여다보시는 능력을 보여주셨습니다. 나다나엘에 대한 예수님의 평가가 그것입니다. 예수님은 "그를 가리켜 이르시되 보라 이는 참으로 이스라엘 사람이라 그 속에 간사한 것이 없도다"(47절)라고 말씀하십니다. 이 평가는 단지 외적인 모습만 보고 내린 것이 아닙니다. 예수님은 이미 나다나엘이 자신에게 오고 있는 것을 감찰하고 계셨습니다. 45절에 빌립이 나다나엘에게 "모세가 율법에 기록하였고 여러 선지자가 기록한 그이를 우리가 만났으니 요셉의 아들 나사렛 예수니라"(45절)라는 말을 전하자 나다나엘은 '나사렛에서 무슨 선한 것이 날 수 있겠는가?'라는 회의적인 말을 했습니다. 그때 빌립이 "와서 보라"라는 말을 전합니다. 이에 나다나엘은 예수님을 만나기 위해 발걸음을 옮겼고, 그 결과 예수님을 인격적으로 만나는 경험을 하게 됩니다. 48절에 나다나엘은 자신을 평가하시는 예수님을 향해 "어떻게 나를 아시나이까?"라고 되묻고 있습니다. 당시의 어떤 유대교 선생님들도 할 수 없었던 말씀을 예수님이 하셨기 때문입니다. "빌립이 너를 부르기 전에 네가 무화과나무 아래에 있을 때에 보았노라" 자신을 먼저 알아보시고 꿰뚫어 보시는 예수님께 나다나엘은 이렇게 고백합니다. "당신은 하나님의 아들이시요 당신은 이스라엘의 임금이로소이다"(49절). 예수님은 단지 무화과나무 아래에 있던 나다나엘을 알아보십니다. 그리고 예수님께 오는 그를 인격적으로 만나주시고 속마음을 알아주십니다.

예수님만이 성도의 마음을 아십니다. 어떤 마음의 변화가 있는지도 아십니다. 예수님께 발길을 향하고, 그분께 마음을 여는 성도는 인격적으로 주님을 만날 수 있습니다. 예수님은 이미 우리를 알고 계시고 여전히 기다리고 계십니다.

요한복음 1장 43-51절

이튿날 예수께서 갈릴리로 나가려 하시다가 빌립을 만나 이르시되 나를 따르라 하시니 빌립은 안드레와 베드로와 한 동네 벳새다 사람이라 빌립이 나다나엘을 찾아 이르되 모세가 율법에 기록하였고 여러 선지자가 기록한 그이를 우리가 만났으니 요셉의 아들 나사렛 예수니라 나다나엘이 이르되 나사렛에서 무슨 선한 것이 날 수 있느냐 빌립이 이르되 와서 보라 하니라 예수께서 나다나엘이 자기에게 오는 것을 보시고 그를 가리켜 이르시되 보라 이는 참으로 이스라엘 사람이라 그 속에 간사한 것이 없도다 나다나엘이 이르되 어떻게 나를 아시나이까 예수께서 대답하여 이르시되 빌립이 너를 부르기 전에 네가 무화과나무 아래에 있을 때에 보았노라 나다나엘이 대답하되 랍비여 당신은 하나님의 아들이시요 당신은 이스라엘의 임금이로소이다 예수께서 대답하여 이르시되 내가 너를 무화과나무 아래에서 보았다 하므로 믿느냐 이보다 더 큰 일을 보리라 또 이르시되 진실로 진실로 너희에게 이르노니 하늘이 열리고 하나님의 사자들이 인자 위에 오르락 내리락 하는 것을 보리라 하시니라

오늘의 기도   주님, 나에게도 인격적인 주님을 만날 수 있는 은혜를 허락하여 주소서.

말씀 속에서 사는 삶

| 본문: 신명기 8장 1-20절
| 찬송: 199장 나의 사랑하는 책

현재의 삶은 과거를 토대로 형성되며, 미래는 현재의 삶의 결과로 만들어집니다. 따라서 진정한 믿음의 시작은 말씀을 기억하는 것으로부터 시작됩니다.

모세는 이스라엘 백성들에게 하나님이 광야 길을 걷게 하신 것을 기억하라고 했습니다(2절). 과거의 광야 시절을 영적으로 잘 해석할 때, 미래의 가나안 땅의 풍요도 누릴 수 있는 것입니다. 하나님이 백성들을 광야에서 낮추시고 시험하신 것은 그들의 마음이 어떤가를 묻고, 또 하나님의 명령에 순종하는가를 알고자 하신 것입니다. 어려운 환경 가운데서도 겸손히 하나님의 말씀에 순종하는 삶을 살고자 하는가 아니면 교만하게 자기 능력과 고집대로 살고자 하는가를 알고자 하신 것입니다. 하나님은 때로는 사람의 마음을 시험하십니다. 이 시험은 곤경에 빠뜨리기 위한 시험이 아닙니다. 시험을 통해 자신도 모르는 마음과 속생각을 드러내게 하시고, 연단하시는 의미가 있습니다. 사람은 다른 사람을 속이고 또한 스스로에게 속기도 합니다. 그러나 하나님은 속일 수가 없습니다. 하나님은 사람의 중심을 아십니다. 하나님은 우리에게 인생의 여정 가운데 "하나님의 입에서 나오는 모든 말씀으로 살아야 한다는 것"(3절)을 알게 해주십니다. 하나님은 이스라엘이 말씀에 순종할 때, 만나를 내려 주셨습니다. 또한 40년 동안 적절하게 옷과 신발도 공급해 주셨습니다. 이스라엘 백성이 하나님의 말씀에 순종하며 살 때, 하나님께서 친히 먹이시고 입히시는 매우 특별한 경험을 하게 되었습니다.

예수님도 공생애를 시작하기 전에 사탄의 시험에서 말씀으로 승리하십니다. 말씀을 기억하며 살아가는 성도는 세상의 모든 유혹에서 승리하며 살아갈 수 있습니다.

신명기 8장 1-20절

내가 오늘 명하는 모든 명령을 너희는 지켜 행하라 그리하면 너희가 살고 번성하고 여호와께서 너희의 조상들에게 맹세하신 땅에 들어가서 그것을 차지하리라 네 하나님 여호와께서 이 사십 년 동안에 네게 광야 길을 걷게 하신 것을 기억하라 이는 너를 낮추시며 너를 시험하사 네 마음이 어떠한지 그 명령을 지키는지 지키지 않는지 알려 하심이라 너를 낮추시며 너를 주리게 하시며 또 너도 알지 못하며 네 조상들도 알지 못하던 만나를 네게 먹이신 것은 사람이 떡으로만 사는 것이 아니요 여호와의 입에서 나오는 모든 말씀으로 사는 줄을 네가 알게 하려 하심이니라 이 사십 년 동안에 네 의복이 해어지지 아니하였고 네 발이 부르트지 아니하였느니라 너는 사람이 그 아들을 징계함 같이 네 하나님 여호와께서 너를 징계하시는 줄 마음에 생각하고 네 하나님 여호와의 명령을 지켜 그의 길을 따라가며 그를 경외할지니라 네 하나님 여호와께서 너를 아름다운 땅에 이르게 하시나니 그 곳은 골짜기든지 산지든지 시내와 분천과 샘이 흐르고 밀과 보리의 소산지요 포도와 무화과와 석류와 감람나무와 꿀의 소산지라 네가 먹을 것에 모자람이 없고 네게 아무 부족함이 없는 땅이며 그 땅의 돌은 철이요 산에서는 동을 캘 것이라 네가 먹어서 배부르고 네 하나님 여호와께서 옥토를 네게 주셨음으로 말미암아 그를 찬송하리라 내가 오늘 네게 명하는 여호와의 명령과 법도와 규례를 지키지 아니하고 네 하나님 여호와를 잊어버리지 않도록 삼갈지어다 네가 먹어서 배부르고 아름다운 집을 짓고 거주하게 되며 또 네 소와 양이 번성하며 네 은금이 증식되며 네 소유가 다 풍부하게 될 때에 네 마음이 교만하여 네 하나님 여호와를 잊어버릴까 염려하노라 여호와는 너를 애굽 땅 종 되었던 집에서 이끌어 내시고 너를 인도하여 그 광대하고 위험한 광야 곧 불뱀과 전갈이 있고 물이 없는 간조한 땅을 지나게 하셨으며 또 너를 위하여 단단한 반석에서 물을 내셨으며 네 조상들도 알지 못하던 만나를 광야에서 네게 먹이셨나니 이는 다 너를 낮추시며 너를 시험하사 마침내 네게 복을 주려 하심이었느니라 그러나 네가 마음에 이르기를 내 능력과 내 손의 힘으로 내가 이 재물을 얻었다 말할 것이라 네 하나님 여호와를 기억하라 그가 네게 재물 얻을 능력을 주셨음이라 이같이 하심은 네 조상들에게 맹세하신 언약을 오늘과 같이 이루려 하심이니라 네가 만일 네 하나님 여호와를 잊어버리고 다른 신들을 따라 그들을 섬기며 그들에게 절하면 내가 너희에게 증거하노니 너희가 반드시 멸망할 것이라 여호와께서 너희 앞에서 멸망시키신 민족들 같이 너희도 멸망하리니 이는 너희가 너희의 하나님 여호와의 소리를 청종하지 아니함이니라

오늘의 기도 주님, 우리가 살아가는 생애 속에서 하나님의 말씀을 떠나지 않게 하소서.

불쌍히 여김을 받게 하소서

| 본문: 신명기 9장 1−11절
| 찬송: 295장 큰 죄에 빠진 나를

양심이 바로 선 사람은 아무도 모를 때, 보는 사람이 없을 때에도 그릇된 일을 하지 않고 올바르게 살아갑니다. 선한 양심에 따라 생활하는 것은 성도의 자세입니다.

우리는 하나님이 보시기에 공의롭고 정직한 삶을 살고 있습니까? 모세는 이스라엘에게 가나안 땅을 곧 정복할 것이라고 말하면서 "내 공의로움으로 말미암아 여호와께서 나를 이 땅으로 인도하여 들여서 그것을 차지하게 하셨다 하지 말라"(4절)라는 말을 하면서 '착각을 하지 말라'고 경고하고 있습니다. 이스라엘이 가나안 땅을 정복할 수 있었던 이유는 첫째는 가나안 민족의 악함 때문(4절)이었고, 둘째는 전적인 하나님의 언약의 신실함 때문이었다(5절)고 말씀하고 있습니다. 우리는 하나님 앞에서 부패하기 그지없는 존재입니다. 사도 바울은 이렇게 고백했습니다. "기록 된 바 의인은 없나니 하나도 없으며 깨닫는 자도 없고 하나님을 찾는 자도 없고 다 치우쳐 함께 무익하게 되고 선을 행하는 자는 없나니 하나도 없도다"(롬 3:10−12) 이렇게 자신의 실체를 모르면, 늘 자신이 옳다고 착각합니다. 하지만 하나님은 이스라엘의 실체를 정확히 꿰뚫어 보십니다. 그리고 여호와를 거역했던 일(7절)을 기억하라고 명령합니다. 왜냐하면 그것만이 살 수 있는 비결이기 때문입니다. 목이 곧은 이스라엘은 하나님을 늘 거역합니다.

성도는 십자가의 은혜가 아니면 하나님을 거역할 수밖에 없는 존재입니다. 하나님만이 공의로우심을 고백하고 나아갈 때에 긍휼히 여김을 받을 수 있습니다.

이스라엘아 들으라 네가 오늘 요단을 건너 너보다 강대한 나라들로 들어가서 그것을 차지하리니 그 성읍들은 크고 성벽은 하늘에 닿았으며 크고 많은 백성은 네가 아는 아낙 자손이라 그에 대한 말을 네가 들었나니 이르기를 누가 아낙 자손을 능히 당하리요 하거니와 오늘 너는 알라 네 하나님 여호와께서 맹렬한 불과 같이 네 앞에 나아가신즉 여호와께서 그들을 멸하사 네 앞에 엎드러지게 하시리니 여호와께서 네게 말씀하신 것 같이 너는 그들을 쫓아내며 속히 멸할 것이라 네 하나님 여호와께서 그들을 네 앞에서 쫓아내신 후에 네가 심중에 이르기를 내 공의로움으로 말미암아 여호와께서 나를 이 땅으로 인도하여 들여서 그것을 차지하게 하셨다 하지 말라 이 민족들이 악함으로 말미암아 여호와께서 그들을 네 앞에서 쫓아내심이니라 네가 가서 그 땅을 차지함은 네 공의로 말미암음도 아니며 네 마음이 정직함으로 말미암음도 아니요 이 민족들이 악함으로 말미암아 네 하나님 여호와께서 그들을 네 앞에서 쫓아내심이라 여호와께서 이같이 하심은 네 조상 아브라함과 이삭과 야곱에게 하신 맹세를 이루려 하심이니라 그러므로 네가 알 것은 네 하나님 여호와께서 네게 이 아름다운 땅을 기업으로 주신 것이 네 공의로 말미암음이 아니니라 너는 목이 곧은 백성이니라 너는 광야에서 네 하나님 여호와를 격노하게 하던 일을 잊지 말고 기억하라 네가 애굽 땅에서 나오던 날부터 이 곳에 이르기까지 늘 여호와를 거역하였으되 호렙 산에서 너희가 여호와를 격노하게 하였으므로 여호와께서 진노하사 너희를 멸하려 하셨느니라 그 때에 내가 돌판들 곧 여호와께서 너희와 세우신 언약의 돌판들을 받으려고 산에 올라가서 사십 주 사십 야를 산에 머물며 떡도 먹지 아니하고 물도 마시지 아니하였더니 여호와께서 두 돌판을 내게 주셨나니 그 돌판의 글은 하나님이 손으로 기록하신 것이요 너희의 총회 날에 여호와께서 산상 불 가운데서 너희에게 이르신 모든 말씀이니라 사십 주 사십 야를 지난 후에 여호와께서 내게 돌판 곧 언약의 두 돌판을 주시고

오늘의 기도	주님, 오늘도 나는 하나님께 거역하는 불쌍한 존재입니다. 용서하여 주소서.

죄 용서함을 받는 삶

| 본문: 신명기 9장 12-22절
| 찬송: 252장 나의 죄를 씻기는

기독교의 죄는 하나님의 뜻을 고의적으로나 의도적으로 범하는 것입니다. 하나님의 말씀을 듣고도 따라 살지 않는 삶 자체가 죄 된 삶입니다.

본문에 모세는 이스라엘로 하여금 그들의 진정한 모습을 보게 하고 있습니다. 그것은 하나님이 보시는 백성들의 모습으로 하나님께서는 선하고 의로운 백성이 아니라 목이 곧은 고집이 센 백성이며(13절), 자기를 위하여 우상을 만들며(16절), 여호와 목전에서 악을 행한(18절) 백성에게 가나안 땅을 주신다는 것을 보여주시고 있습니다. 모세는 이스라엘 백성이 하나님을 향해 저지른 엄청난 반역 행위가 많이 있지만 그 중에서도 금송아지 숭배 사건을 지적하고 있습니다. 하나님께서 이스라엘 백성들과 호렙산에서 언약을 맺고 계실 때, 산 아래에서 제사장 아론의 지도하에 금송아지를 만들고 있었습니다. 하나님께서 친히 언약의 돌판을 손으로 기록하여 모세에게 주실 때, 이스라엘 백성은 십계명 중 하나를 범하고 있었습니다. 하나님은 격노하시며 그 백성을 "내가 그들을 멸하여 그들의 이름을 천하에서 없애고"(14절)라고 말씀하십니다. 하나님은 우상숭배로 인해 그들을 멸절시키기로 작정하셨습니다. 모세가 두 개의 돌판을 깨뜨린 행위(17절)는 하나님과 이스라엘 간의 언약이 깨졌음을 보여주는 공적 상징이었습니다.

성도는 잊지 말아야 합니다. 하나님께서 죄를 얼마나 미워하시는지를 깨달아야 하며, 택한 백성일지라도 그들의 죄악을 하나님께서는 간과하지 않으십니다. 그러므로 성도는 날마다 죄를 회개하고 그리스도의 대속의 은혜를 통해 용서함을 받아야 합니다.

신명기 9장 12-22절

내게 이르시되 일어나 여기서 속히 내려가라 네가 애굽에서 인도하여 낸 네 백성이 스스로 부패하여 내가 그들에게 명령한 도를 속히 떠나 자기를 위하여 우상을 부어 만들었느니라 여호와께서 또 내게 말씀하여 이르시되 내가 이 백성을 보았노라 보라 이는 목이 곧은 백성이니라 나를 막지 말라 내가 그들을 멸하여 그들의 이름을 천하에서 없애고 너를 그들보다 강대한 나라가 되게 하리라 하시기로 내가 돌이켜 산에서 내려오는데 산에는 불이 붙었고 언약의 두 돌판은 내 두 손에 있었느니라 내가 본즉 너희가 너희의 하나님 여호와께 범죄하여 자기를 위하여 송아지를 부어 만들어서 여호와께서 명령하신 도를 빨리 떠났기로 내가 그 두 돌판을 내 두 손으로 들어 던져 너희의 목전에서 깨뜨렸노라 그리고 내가 전과 같이 사십 주 사십 야를 여호와 앞에 엎드려서 떡도 먹지 아니하고 물도 마시지 아니하였으니 이는 너희가 여호와의 목전에 악을 행하여 그를 격노하게 하여 크게 죄를 지었음이라 여호와께서 심히 분노하사 너희를 멸하려 하셨으므로 내가 두려워하였노라 그러나 여호와께서 그 때에도 내 말을 들으셨고 여호와께서 또 아론에게 진노하사 그를 멸하려 하셨으므로 내가 그 때에도 아론을 위하여 기도하고 너희의 죄 곧 너희가 만든 송아지를 가져다가 불살라 찧고 티끌 같이 가늘게 갈아 그 가루를 산에서 흘러내리는 시내에 뿌렸느니라 너희가 다베라와 맛사와 기브롯 핫다아와에서도 여호와를 격노하게 하였느니라

오늘의 기도 주님, 교만하고 어리석은 우리의 죄를 용서하시고 은혜 안에 서게 하소서.

회복 되는 삶

ㅣ 본문: 신명기 9장 23절-10장 5절
ㅣ 찬송: 254장 내 주의 보혈은

하나님과 사람 사이에 서서 관계를 성립시키고 화해를 가져오는 역할을 하는 사람을 중보자라고 합니다. 중보자가 있으면 틀어졌던 관계가 회복될 수 있습니다.

이스라엘 백성들이 끊임없이 하나님께 반역하고 범죄 하였음에도 불구하고 멸망하지 않고 계속 존재하고 있는 이유는 무엇입니까? 그것은 하나님과 백성들 사이에 중보 하는 모세가 있기 때문입니다. 모세는 이 백성들을 위해 "내가 여전히 사십 주 사십 야를 여호와 앞에 엎드리고"(25절)라고 말하며 여호와 앞에 금식하며 간구하였습니다. 자기 백성들을 선택하시고 구원하시는 하나님의 모성애적 사랑에 호소하였습니다(26절). 모세는 "그 백성들의 강퍅함을 보지 마시고, 그들의 믿음의 열조에게 허락하신 땅으로 인도하리라 하신 약속을 기억하사 백성들을 용서해 달라"라고 간구하였습니다. 하나님과 백성들 사이에 깨어진 관계를 위해 중보하던 모세의 기도는 응답되었고, 이스라엘은 다시 시작할 수 있게 되었습니다. 첫 번째 돌판은 깨어졌지만, 여호와께서는 모세가 다듬어 온 새로운 돌판 위에 언약들을 기록하시고, 그것을 싯딤나무로 만든 궤 안에 보관하도록 하셨습니다. 이스라엘은 용서받을 자격이 없는 백성들이었지만, 하나님의 자비로우신 은혜로 용서를 받고 처음과 같은 언약의 두 돌판을 다시 받았습니다(1절). 결국 다시 하나님의 사랑을 회복하고 언약 백성이 되었습니다.

언약의 백성이 된 성도는 십계명을 지킵니다. 기록된 하나님의 말씀과 뜻에 순종하는 것이 깨어진 관계를 회복하는 가장 중요한 사실임을 마음에 새겨야 합니다.

신명기 9장 23절-10장 5절

여호와께서 너희를 가데스 바네아에서 떠나게 하실 때에 이르시기를 너희는 올라가서 내가 너희에게 준 땅을 차지하라 하시되 너희가 너희의 하나님 여호와의 명령을 거역하여 믿지 아니하고 그 말씀을 듣지 아니하였나니 내가 너희를 알던 날부터 너희가 항상 여호와를 거역하여 왔느니라 그 때에 여호와께서 너희를 멸하겠다 하셨으므로 내가 여전히 사십 주 사십 야를 여호와 앞에 엎드리고 여호와께 간구하여 이르되 주 여호와여 주께서 큰 위엄으로 속량하시고 강한 손으로 애굽에서 인도하여 내신 주의 백성 곧 주의 기업을 멸하지 마옵소서 주의 종 아브라함과 이삭과 야곱을 생각하사 이 백성의 완악함과 악과 죄를 보지 마옵소서 주께서 우리를 인도하여 내신 그 땅 백성이 말하기를 여호와께서 그들에게 허락하신 땅으로 그들을 인도하여 들일 만한 능력도 없고 그들을 미워하기도 하사 광야에서 죽이려고 인도하여 내셨다 할까 두려워하나이다 그들은 주의 큰 능력과 펴신 팔로 인도하여 내신 주의 백성 곧 주의 기업이로소이다 하였노라 그 때에 여호와께서 내게 이르시기를 너는 처음과 같은 두 돌판을 다듬어 가지고 산에 올라 내게로 나아오고 또 나무궤 하나를 만들라 네가 깨뜨린 처음 판에 쓴 말을 내가 그 판에 쓰리니 너는 그것을 그 궤에 넣으라 하시기로 내가 조각목으로 궤를 만들고 처음 것과 같은 돌판 둘을 다듬어 손에 들고 산에 오르매 여호와께서 그 총회 날에 산 위 불 가운데에서 너희에게 이르신 십계명을 처음과 같이 그 판에 쓰시고 그것을 내게 주시기로 내가 돌이켜 산에서 내려와서 여호와께서 내게 명령하신 대로 그 판을 내가 만든 궤에 넣었더니 지금까지 있느니라

오늘의 기도 주님, 우리의 죄를 용서해 주시고 다시 회복하게 하시는 은혜를 누리게 하소서.

도우는 자의 삶

▎본문: 신명기 10장 12-22절
▎찬송: 211장 값비싼 향유를 주께 드린

　　여호와 하나님께서는 자기 백성에 대한 그분의 사랑을 실제적으로 표현하셨듯이 자기를 따르는 백성들도 언약에 대한 헌신을 기대하십니다.
　　언약에 대한 의무는 백성을 억압하는 것이 아니라 그들의 행복을 더하기 위함인 것입니다. 그러기에 단순한 규칙 이행이나 순종이 아니라 여호와를 진심으로 경외하는 것입니다. 모세 시대에 이미 할례를 행하는 것이 하나의 관습이 되어 버렸습니다. 이 할례는 하나님 언약 백성으로서 구별된 자의 표시로, 정결과 헌신을 상징하는 것이어야 함에도 불구하고 그저 형식적인 행위에 불과한 것이 되어 버렸습니다. 그래서 모세는 육신의 할례보다 "마음에 할례를 행하고"(16절)라고 강조하고 있는 것입니다. 또한 하나님의 사랑은 모든 사랑을 사랑할 것을 명령하셨습니다. 특히 이스라엘 경내에 있는 고아와 과부 그리고 나그네를 돌보고 사랑하고 하십니다(18절). 하나님이 그들을 사랑하시기 때문에 하나님의 언약 백성 역시 그들을 사랑해야만 합니다(19절). 왜냐하면 너희도 이전에 애굽에서 나그네 된 적이 있었기 때문입니다. 지금도 수많은 지구촌에는 집 없는 나그네들이 있고, 수백만 명의 굶주린 난민들이 있습니다. 행동으로 보여주는 사랑만이 하나님의 사랑에 대한 감사가 될 것입니다.
　　세계의 굶주린 사람들을 위해 식량과 의복을 제공하고 고난에 처한 사람들을 위해 무엇인가를 행하며 그들의 친구가 되어 주는 것, 그것이 바로 하나님이 우리에게 요구하는 사랑입니다.

신명기 10장 12-22절

이스라엘아 네 하나님 여호와께서 네게 요구하시는 것이 무엇이냐 곧 네 하나님 여호와를 경외하여 그의 모든 도를 행하고 그를 사랑하며 마음을 다하고 뜻을 다하여 네 하나님 여호와를 섬기고 내가 오늘 네 행복을 위하여 네게 명하는 여호와의 명령과 규례를 지킬 것이 아니냐 하늘과 모든 하늘의 하늘과 땅과 그 위의 만물은 본래 네 하나님 여호와께 속한 것이로되 여호와께서 오직 네 조상들을 기뻐하시고 그들을 사랑하사 그들의 후손인 너희를 만민 중에서 택하셨음이 오늘과 같으니라 그러므로 너희는 마음에 할례를 행하고 다시는 목을 곧게 하지 말라 너희의 하나님 여호와는 신 가운데 신이시며 주 가운데 주시요 크고 능하시며 두려우신 하나님이시라 사람을 외모로 보지 아니하시며 뇌물을 받지 아니하시고 고아와 과부를 위하여 정의를 행하시며 나그네를 사랑하여 그에게 떡과 옷을 주시나니 너희는 나그네를 사랑하라 전에 너희도 애굽 땅에서 나그네 되었음이니라 네 하나님 여호와를 경외하여 그를 섬기며 그에게 의지하고 그의 이름으로 맹세하라 그는 네 찬송이시요 네 하나님이시라 네 눈으로 본 이같이 크고 두려운 일을 너를 위하여 행하셨느니라 애굽에 내려간 네 조상들이 겨우 칠십 인이었으나 이제는 네 하나님 여호와께서 너를 하늘의 별 같이 많게 하셨느니라

오늘의 기도 주님, 내가 눈을 들어 나그네 된 자들을 도울 수 있게 하소서.

끝까지 믿음에 서는 삶

Ⅰ 본문: 신명기 11장 18-28절
Ⅰ 찬송: 516장 옳은 길 따르라 의의 길을

신앙생활에 있어서 중간지대는 없습니다. 모세는 이스라엘 백성이 약속의 땅에 들어가게 되면 하나님께 드릴 예배를 이웃의 우상 숭배와 혼합시키려는 사람들이 있을 것이라고 예견을 합니다(16-17절). 그러므로 하나님을 사랑하는 사람들은 반드시 하나님 말씀을 배우고(18절), 나누고(19-21절), 실천해야 합니다. 진리는 그들의 마음에 간직되고 뜻을 새겨 기억되어야만 합니다. 하나님의 자녀들은 가정에서, 길 위에서, 하루의 시작이나 끝에서 말씀을 서로 나누어야 합니다. 우리는 하나님의 말씀을 다음 세대에게 신실하게 전할 책임을 가지고 있습니다. 하나님의 말씀은 집의 문설주와 성읍의 문에 기록해서 모든 이들이 볼 수 있도록 가르쳐야 합니다. 그러나 우리 인생에는 두 가지 길인 복과 저주의 길이 놓여 있을 것임으로 둘 중의 하나를 선택해야만 한다고 강조합니다. 하나님께 굳게 붙어 있어 말씀을 행하지 않으면 그들은 분명 다른 신을 좇을 것입니다. 말씀을 듣는다는 것은 순종한다는 말입니다. 율법을 듣고 순종하여 행하면 그것이 축복이 되지만, 하나님의 명령에 불순종하고 율법을 떠나 다른 신을 섬기면 저주를 받는 것입니다. '다른 신'은 가나안의 신들로, 이스라엘 백성은 본래 그런 우상을 알지 못하나 가나안에 정착하고 생활이 안정됨에 따라 이방인의 신들에 유혹되어 율법을 버리게 될 경우를 경고하는 것입니다.

오늘 가정에서 끊임없이 하나님의 말씀을 나누고 가르치는 책임을 다하고 있는지를 잘 살펴보아야 합니다.

신명기 11장 18-28절

이러므로 너희는 나의 이 말을 너희의 마음과 뜻에 두고 또 그것을 너희의 손목에 매어 기호를 삼고 너희 미간에 붙여 표를 삼으며 또 그것을 너희의 자녀에게 가르치며 집에 앉아 있을 때에든지, 길을 갈 때에든지, 누워 있을 때에든지, 일어날 때에든지 이 말씀을 강론하고 또 네 집 문설주와 바깥 문에 기록하라 그리하면 여호와께서 너희 조상들에게 주리라고 맹세하신 땅에서 너희의 날과 너희의 자녀의 날이 많아서 하늘이 땅을 덮는 날과 같으리라 너희가 만일 내가 너희에게 명하는 이 모든 명령을 잘 지켜 행하여 너희의 하나님 여호와를 사랑하고 그의 모든 도를 행하여 그에게 의지하면 여호와께서 그 모든 나라 백성을 너희 앞에서 다 쫓아내실 것이라 너희가 너희보다 강대한 나라들을 차지할 것인즉 너희의 발바닥으로 밟는 곳은 다 너희의 소유가 되리니 너희의 경계는 곧 광야에서부터 레바논까지와 유브라데 강에서부터 서해까지라 너희의 하나님 여호와께서 너희에게 말씀하신 대로 너희가 밟는 모든 땅 사람들에게 너희를 두려워하고 무서워하게 하시리니 너희를 능히 당할 사람이 없으리라 내가 오늘 복과 저주를 너희 앞에 두나니 너희가 만일 내가 오늘 너희에게 명하는 너희의 하나님 여호와의 명령을 들으면 복이 될 것이요 너희가 만일 내가 오늘 너희에게 명령하는 도에서 돌이켜 떠나 너희의 하나님 여호와의 명령을 듣지 아니하고 본래 알지 못하던 다른 신들을 따르면 저주를 받으리라

오늘의 기도 주님, 변화무쌍한 세상 속에서 끝까지 하나님의 말씀을 잘 전할 수 있게 하소서.

부르심의 목적을 이루는 삶

l 본문: 로마서 1장 1-15절
l 찬송: 323장 부름 받아 나선 이 몸

　부르심에는 두 가지 종류가 있습니다. 하나는 일반적인 부르심이고, 다른 하나는 특별한 부르심입니다. 일반적 부르심은 하나님께서 우리를 구원하기 위해서 우리 모두를 불러 주시는 부름입니다. 그러나 특별한 부르심은 사명을 위한 부르심입니다. 하나님께서 특별히 뽑아서 불러주시는 사명자로서의 부르심입니다. 어떤 부르심을 받았든지 분명한 것은 성도들은 다 구원을 위한 부르심에 응답한 사람입니다. 그러나 우리는 여기서 머물러서는 안 됩니다. 구원받은 사람들 가운데서 특별히 하나님의 사명을 위해서 부르심을 입은 사람들이 되어야만 합니다. "너희도 그들 중에서 예수 그리스도의 것으로 부르심을 받은 자니라"(6절)라고 했습니다. 성도들은 다 예수 그리스도의 것입니다. 이 세상 사람들과는 완전히 구별된 사람들입니다. 그 부름을 받은 사람은 사명을 감당해야 합니다. "하나님의 복음을 위하여 택정함을 입었으니"(1절)라고 하면서 분명한 목적의식을 가져야 함을 설명하고 있습니다. 내가 무엇을 위해서 쓰임을 받아야 하는지를 깨달아 알아야 귀한 쓰임을 받을 수 있습니다. 이 일에는 어려움이 많이 따릅니다. "우리가 그와 함께 영광을 받기 위하여 고난도 함께 받아야 할 것이니라"(롬 8:17).

　부르심에 합당한 삶을 살아서 주님 앞에 섰을 때, 큰 상급을 누릴 수 있는 은혜가 있기를 바랍니다.

로마서 1장 1-15절

　예수 그리스도의 종 바울은 사도로 부르심을 받아 하나님의 복음을 위하여 택정함을 입었으니 이 복음은 하나님이 선지자들을 통하여 그의 아들에 관하여 성경에 미리 약속하신 것이라 그의 아들에 관하여 말하면 육신으로는 다윗의 혈통에서 나셨고 성결의 영으로는 죽은 자들 가운데서 부활하사 능력으로 하나님의 아들로 선포되셨으니 곧 우리 주 예수 그리스도시니라 그로 말미암아 우리가 은혜와 사도의 직분을 받아 그의 이름을 위하여 모든 이방인 중에서 믿어 순종하게 하나니 너희도 그들 중에서 예수 그리스도의 것으로 부르심을 받은 자니라 로마에서 하나님의 사랑하심을 받고 성도로 부르심을 받은 모든 자에게 하나님 우리 아버지와 주 예수 그리스도로부터 은혜와 평강이 있기를 원하노라 먼저 내가 예수 그리스도로 말미암아 너희 모든 사람에 관하여 내 하나님께 감사함은 너희 믿음이 온 세상에 전파됨이로다 내가 그의 아들의 복음 안에서 내 심령으로 섬기는 하나님이 나의 증인이 되시거니와 항상 내 기도에 쉬지 않고 너희를 말하며 어떻게 하든지 이제 하나님의 뜻 안에서 너희에게로 나아갈 좋은 길 얻기를 구하노라 내가 너희 보기를 간절히 원하는 것은 어떤 신령한 은사를 너희에게 나누어 주어 너희를 견고하게 하려 함이니 이는 곧 내가 너희 가운데서 너희와 나의 믿음으로 말미암아 피차 안위함을 얻으려 함이라 형제들아 내가 여러 번 너희에게 가고자 한 것을 너희가 모르기를 원하지 아니하노니 이는 너희 중에서도 다른 이방인 중에서와 같이 열매를 맺게 하려 함이로되 지금까지 길이 막혔도다 헬라인이나 야만인이나 지혜 있는 자나 어리석은 자에게 다 내가 빚진 자라 그러므로 나는 할 수 있는 대로 로마에 있는 너희에게도 복음 전하기를 원하노라

오늘의 기도　　주여, 나를 부르신 부름의 목적을 깨닫고 믿음의 여정을 감당하게 하소서.

복음을 전하는 삶

▎본문: 로마서 1장 16-25절
▎찬송: 528장 예수가 우리를 부르는 소리

만약 한 밤 중에 당신이 사는 아파트에 불이 났는데, 모든 사람들이 깊은 잠에 들어 있어서 그 사실을 모르고 있다고 생각해 보십시오. 그런데 누군가가 깨어나 집집마다 문을 두드리면서 "불이야!"라고 소리를 외친다고 생각해 보십시오. 그것이 바로 복음입니다.

복음은 우리를 불편하고 힘들게 하는 것이 아닙니다. 우리 스스로 도저히 해결할 수 없는 문제를 예수님께서 대신 십자가에서 죽으심으로 해결하여 주셨다는 소식이 바로 복음입니다. 내가 심각하게 생각하지도 않았던 문제를, 아니 내가 도저히 해결할 수 없었던 문제를 예수님께서 해결해 주셨다는 소식이 바로 기쁜 소식 즉 복음입니다. 이 복음을 믿는 자에게는 "하나님의 능력"(16절)이 나타난다고 합니다. 여기서 말하는 "능력(헬: 두나미스)"은 우리가 도저히 깨뜨릴 수 없는 죄의 문제를 해결해 천국으로 인도하는 길이며 "하나님의 의"(17절)가 나타나 심판에서 자비로움으로 건짐을 받게 하며, "믿음으로 말미암아 살게 되는"(17절) 은혜를 누리게 됩니다. 반면에 복음이 없는 사람들은 하나님을 거부하고 세상 따라 살게 됨으로 늘 속임을 당하게 되고, 하나님의 의가 심판이 되며, 이 세상에 마귀가 인도하는 대로 살도록 내버려 둠을 당하게 된다는 것입니다.

그러므로 우리는 자신의 상태를 모르고, 거기서 벗어날 이유와 방법을 모르는 가족, 친지, 이웃들에게 이 복음을 전해야만 합니다.

로마서 1장 16-25절

　내가 복음을 부끄러워하지 아니하노니 이 복음은 모든 믿는 자에게 구원을 주시는 하나님의 능력이 됨이라 먼저는 유대인에게요 그리고 헬라인에게로다 복음에는 하나님의 의가 나타나서 믿음으로 믿음에 이르게 하나니 기록된 바 오직 의인은 믿음으로 말미암아 살리라 함과 같으니라 하나님의 진노가 불의로 진리를 막는 사람들의 모든 경건하지 않음과 불의에 대하여 하늘로부터 나타나나니 이는 하나님을 알 만한 것이 그들 속에 보임이라 하나님께서 이를 그들에게 보이셨느니라 창세로부터 그의 보이지 아니하는 것들 곧 그의 영원하신 능력과 신성이 그가 만드신 만물에 분명히 보여 알려졌나니 그러므로 그들이 핑계하지 못할지니라 하나님을 알되 하나님을 영화롭게도 아니하며 감사하지도 아니하고 오히려 그 생각이 허망하여지며 미련한 마음이 어두워졌나니 스스로 지혜 있다 하나 어리석게 되어 썩어지지 아니하는 하나님의 영광을 썩어질 사람과 새와 짐승과 기어다니는 동물 모양의 우상으로 바꾸었느니라 그러므로 하나님께서 그들을 마음의 정욕대로 더러움에 내버려 두사 그들의 몸을 서로 욕되게 하게 하셨으니 이는 그들이 하나님의 진리를 거짓 것으로 바꾸어 피조물을 조물주보다 더 경배하고 섬김이라 주는 곧 영원히 찬송할 이시로다 아멘

오늘의 기도	주여, 진정한 구원이 주께 있사오니 최선을 다하여 이 복음 전하게 하소서.

하나님을 온전히 아는 삶

┃ 본문: 로마서 1장 26절-2장 11절
┃ 찬송: 70장 피난처 있으니

　　세상의 윤리는 시대의 조류에 따라 달라집니다. 세상의 법은 간통이 죄였다가도 성적 자기 결정권이 되기도 하고, 아기의 살 권리를 위해 낙태가 금지되었다가도 다시 어머니의 살 권리를 위해 낙태를 허용되기도 합니다.

　　세상은 시대에 따라 생명의 윤리가 가변적입니다. 무엇이 원칙인지 알 수가 없습니다. 그것은 세상이 결코 바뀔 수 없는 상위의 원칙을 잃어버리고 있기 때문입니다. "또한 그들이 마음에 하나님 두기를 싫어하매 하나님께서 그들을 그 상실한 마음대로 내버려 주사"(28절) 그것을 하나님은 기계적으로 제어하지 않으신다는 말입니다. 하나님 말씀을 아는 지식과 그것을 지키려는 의지가 없이는 질서를 유지할 수 없습니다. 이런 생각과 사고가 인간의 마음속에 자리를 잡고 악한 욕망의 더러움에 내어놓아 버립니다. "모든 불의, 추악, 탐욕, 악의, 시기, 살인, 분쟁, 사기, 악독, 수군수군하는 자, 비방하는 자, 하나님께서 미워하시는 자, 능욕하는 자, 교만한 자, 자랑하는 자, 악을 도모하는 자, 부모를 거역하는 자, 우매한 자, 배약하는 자, 무정한 자, 무자비한 자"(29-31절)를 양산하는 사회를 만들게 됩니다. 사람들이 하나님의 질서를 알 수 있는, 하나님에 대한 지식을 알려고 하지 않는 전형적인 모습입니다.

　　하나님을 아는 지식 안에서만이 하나님의 질서를 알 수 있고 그것을 지켜가려는 인간만이 온전하게 행복을 누릴 수 있게 됩니다.

이 때문에 하나님께서 그들을 부끄러운 욕심에 내버려 두셨으니 곧 그들의 여자들도 순리대로 쓸 것을 바꾸어 역리로 쓰며 그와 같이 남자들도 순리대로 여자 쓰기를 버리고 서로 향하여 음욕이 불 일듯 하매 남자가 남자와 더불어 부끄러운 일을 행하여 그들의 그릇됨에 상당한 보응을 그들 자신이 받았느니라 또한 그들이 마음에 하나님 두기를 싫어하매 하나님께서 그들을 그 상실한 마음대로 내버려 두사 합당하지 못한 일을 하게 하셨으니 곧 모든 불의, 추악, 탐욕, 악의가 가득한 자요 시기, 살인, 분쟁, 사기, 악독이 가득한 자요 수군수군하는 자요 비방하는 자요 하나님께서 미워하시는 자요 능욕하는 자요 교만한 자요 자랑하는 자요 악을 도모하는 자요 부모를 거역하는 자요 우매한 자요 배약하는 자요 무정한 자요 무자비한 자라 그들이 이같은 일을 행하는 자는 사형에 해당한다고 하나님께서 정하심을 알고도 자기들만 행할 뿐 아니라 또한 그런 일을 행하는 자들을 옳다 하느니라 그러므로 남을 판단하는 사람아, 누구를 막론하고 네가 핑계하지 못할 것은 남을 판단하는 것으로 네가 너를 정죄함이니 판단하는 네가 같은 일을 행함이니라 이런 일을 행하는 자에게 하나님의 심판이 진리대로 되는 줄 우리가 아노라 이런 일을 행하는 자를 판단하고도 같은 일을 행하는 사람아, 네가 하나님의 심판을 피할 줄로 생각하느냐 혹 네가 하나님의 인자하심이 너를 인도하여 회개하게 하심을 알지 못하여 그의 인자하심과 용납하심과 길이 참으심이 풍성함을 멸시하느냐 다만 네 고집과 회개하지 아니한 마음을 따라 진노의 날 곧 하나님의 의로우신 심판이 나타나는 그 날에 임할 진노를 네게 쌓는도다 하나님께서 각 사람에게 그 행한 대로 보응하시되 참고 선을 행하여 영광과 존귀와 썩지 아니함을 구하는 자에게는 영생으로 하시고 오직 당을 지어 진리를 따르지 아니하고 불의를 따르는 자에게는 진노와 분노로 하시리라 악을 행하는 각 사람의 영에는 환난과 곤고가 있으리니 먼저는 유대인에게요 그리고 헬라인에게며 선을 행하는 각 사람에게는 영광과 존귀와 평강이 있으리니 먼저는 유대인에게요 그리고 헬라인에게라 이는 하나님께서 외모로 사람을 취하지 아니하심이라

오늘의 기도   주여, 하나님을 하나님으로 온전히 알 수 있게 깨달음의 지혜를 주소서.

믿음을 지키는 삶

❘ 본문: 로마서 2장 12-24절
❘ 찬송: 542장 구주 예수 의지함이

하나님께서 불의를 행하는 자에게 오래 참으시는 것은 회개할 기회를 주시기 위해서입니다. 하나님의 기준에서는 율법의 지식을 가진 자가 의인이 아니고, 율법을 순종하며 행하는 자가 의인입니다.

하나님의 의로우신 판단으로 인해 유대인은 율법을 아는 자로서 심판을 받을 것이고, 이방인들은 율법이 없더라도 하나님이 주신 양심의 율법으로 심판을 받을 것입니다(12, 14, 17절). 이방인들은 율법이 요구하는 일들이 마음에 새겨져 있으며, 그들의 양심의 기능에 따라 그들의 생각들이 서로 고발하기도 하고 변호하기도 한다는 것입니다(14-15절). 그러므로 불순종하여 악을 행하는 자가 하나님의 의롭고 공정하신 판단 앞에서 핑계를 댈 수 없습니다. 하나님은 심판의 날에 유대인이나 헬라인이라는 외모를 보지 않고, 오직 은밀한 삶의 중심을 보시고 판단하시기에 그의 판단은 의롭습니다. 하나님의 은혜를 받은 자에게는 하나님의 말씀을 생활 속에서 실천하고 본을 보여야 하는 많은 책임이 부여됩니다. 그것은 마치 은혜 받은 자가 더 많이 하나님께 영광을 돌려야 하는 이치와도 같은 것입니다. 유대인들은 어려서부터 율법을 배우고 하나님의 뜻을 안다고 하지만 생활 속에서 율법을 거역함으로 하나님을 욕되게 하였습니다. 그들은 율법이 주어진 목적을 준수하지 않았습니다. 하나님 뜻을 알고 말씀의 지식이 있다고 하는 자들이 실질적인 생활 속에서는 죄악 된 생활을 할 때, 하나님께서는 영광 대신에 모독을 받으시는 것입니다(24절).

그러므로 하나님의 말씀을 듣고, 알고, 행하는 은혜를 누리는 삶이 되어야 합니다.

로마서 2장 12-24절

　무릇 율법 없이 범죄한 자는 또한 율법 없이 망하고 무릇 율법이 있고 범죄한 자는 율법으로 말미암아 심판을 받으리라 하나님 앞에서는 율법을 듣는 자가 의인이 아니요 오직 율법을 행하는 자라야 의롭다 하심을 얻으리니 (율법 없는 이방인이 본성으로 율법의 일을 행할 때에는 이 사람은 율법이 없어도 자기가 자기에게 율법이 되나니 이런 이들은 그 양심이 증거가 되어 그 생각들이 서로 혹은 고발하며 혹은 변명하여 그 마음에 새긴 율법의 행위를 나타내느니라) 곧 나의 복음에 이른 바와 같이 하나님이 예수 그리스도로 말미암아 사람들의 은밀한 것을 심판하시는 그 날이라 유대인이라 불리는 네가 율법을 의지하며 하나님을 자랑하며 율법의 교훈을 받아 하나님의 뜻을 알고 지극히 선한 것을 분간하며 맹인의 길을 인도하는 자요 어둠에 있는 자의 빛이요 율법에 있는 지식과 진리의 모본을 가진 자로서 어리석은 자의 교사요 어린 아이의 선생이라고 스스로 믿으니 그러면 다른 사람을 가르치는 네가 네 자신은 가르치지 아니하느냐 도둑질하지 말라 선포하는 네가 도둑질하느냐 간음하지 말라 말하는 네가 간음하느냐 우상을 가증히 여기는 네가 신전 물건을 도둑질하느냐 율법을 자랑하는 네가 율법을 범함으로 하나님을 욕되게 하느냐 기록된 바와 같이 하나님의 이름이 너희 때문에 이방인 중에서 모독을 받는도다

| 오늘의 기도 | 주여, 하나님을 알고 있는 만큼 지킬 수 있도록 용기를 허락하여 주소서. |

이 봄에 '아하! 체험'

ㅣ 본문: 로마서 2장 25절-3장 18절
ㅣ 찬송: 366장 어두운 내 눈 밝히사

'아하! 체험'이라는 개념이 있습니다. 어떤 계기를 통해 이전에 가지고 있던 생각에 균열이 생깁니다. 그 틈으로 통찰이 오고, 새로운 세계가 눈에 확 들어옵니다. 그 순간 "아하!"하고 깨달음이 일어납니다. 나는 이제 더는 이전의 나일 수 없습니다. '아하 체험'은 내 삶의 틀이 송두리째 바뀌는 체험입니다.

본문은 바울이 유대인들을 '아하! 체험'으로 인도하는 부분입니다. 유대인들은 이방인들과는 달리 자신들은 죄인에서 제외될 가능성이 있다고 여겼습니다. 그들에게는 율법을 행함이라는 길이 있었기 때문입니다. 그러나 바울은 율법의 행함이라는 조건으로는 하나님의 심판과 저주를 해결할 수 없다고 선언합니다. 의인은 없나니, 하나도 없습니다. 이방인만 하나님의 심판과 진노 아래 있는 게 아닙니다. 유대인 역시 그렇습니다. 이방인과 유대인 모두 죄인입니다. 인간은 누구나 새로운 길, 곧 복음 안에서 제시되는 하나님의 의가 필요한 존재입니다.

내 삶을 근본적으로 바꾸는 '아하! 체험'은 이 세상에 의인은 하나도 없다는 깨달음입니다. 나는 죄인이라는 자각이 내 삶을 완전히 바꿉니다. 이 봄에 우리에게 '아하! 체험'이 있기를 기대합니다. 내가 죄인임을 아는 것, 진짜 삶의 시작입니다.

로마서 2장 25절-3장 18절

네가 율법을 행하면 할례가 유익하나 만일 율법을 범하면 네 할례는 무할례가 되느니라 그런즉 무할례자가 율법의 규례를 지키면 그 무할례를 할례와 같이 여길 것이 아니냐 또한 본래 무할례자가 율법을 온전히 지키면 율법 조문과 할례를 가지고 율법을 범하는 너를 정죄하지 아니하겠느냐 무릇 표면적 유대인이 유대인이 아니요 표면적 육신의 할례가 할례가 아니니라 오직 이면적 유대인이 유대인이며 할례는 마음에 할지니 영에 있고 율법 조문에 있지 아니한 것이라 그 칭찬이 사람에게서가 아니요 다만 하나님에게서니라 그런즉 유대인의 나음이 무엇이며 할례의 유익이 무엇이냐 범사에 많으니 우선은 그들이 하나님의 말씀을 맡았음이니라 어떤 자들이 믿지 아니하였으면 어찌하리요 그 믿지 아니함이 하나님의 미쁘심을 폐하겠느냐 그럴 수 없느니라 사람은 다 거짓되되 오직 하나님은 참되시다 할지어다 기록된 바 주께서 주의 말씀에 의롭다 함을 얻으시고 판단 받으실 때에 이기려 하심이라 함과 같으니라 그러나 우리 불의가 하나님의 의를 드러나게 하면 무슨 말 하리요 내가 사람의 말하는 대로 말하노니 진노를 내리시는 하나님이 불의하시냐 결코 그렇지 아니하니라 만일 그러하면 하나님께서 어찌 세상을 심판하시리요 그러나 나의 거짓말로 하나님의 참되심이 더 풍성하여 그의 영광이 되었다면 어찌 내가 죄인처럼 심판을 받으리요 또는 그러면 선을 이루기 위하여 악을 행하자 하지 않겠느냐 어떤 이들이 이렇게 비방하여 우리가 이런 말을 한다고 하니 그들은 정죄 받는 것이 마땅하니라 그러면 어떠하냐 우리는 나으냐 결코 아니라 유대인이나 헬라인이나 다 죄 아래에 있다고 우리가 이미 선언하였느니라 기록된 바 의인은 없나니 하나도 없으며 깨닫는 자도 없고 하나님을 찾는 자도 없고 다 치우쳐 함께 무익하게 되고 선을 행하는 자는 없나니 하나도 없도다 그들의 목구멍은 열린 무덤이요 그 혀로는 속임을 일삼으며 그 입술에는 독사의 독이 있고 그 입에는 저주와 악독이 가득하고 그 발은 피 흘리는 데 빠른지라 파멸과 고생이 그 길에 있어 평강의 길을 알지 못하였고 그들의 눈 앞에 하나님을 두려워함이 없느니라 함과 같으니라

오늘의 기도 이 세상에 의인은 하나도 없음을 아는 이 시대의 선민 이스라엘로 살아가게 하소서.

'값없이' 주시는 것을 '값지게' 받기

| 본문: 로마서 3장 19-31절
| 찬송: 304장 그 크신 하나님의 사랑

　부모는 자녀에게 많은 것을 줍니다. 그런데 언제나 그것들은 공짜입니다. 많은 것들이 거저 주어집니다. 그러나 그것들의 바탕은 자녀를 위해 삶의 고단함도 기꺼이 받아들이는 부모의 희생과 헌신입니다. 이 바탕까지 볼 수 있는 자리에 가는 것, 그것을 성장이라 합니다.

　본문은 바울 복음의 심장이라 불리는데, 이 심장의 이름은 '하나님의 의'입니다. 본문에서 바울은 법정을 가정하고 법정 용어를 사용해 기독교 복음의 정수를 표현합니다. 믿음이란 인간은 율법을 완벽하게 준수함으로써는 결코 의로워질 수 없음을 아는 것입니다. '하나님의 의'는 예수 그리스도를 통해 하나님과 맺는 바른 관계입니다. 성도란 나의 정체성은 하나님의 희생이 만들어주신 나의 참모습입니다. 기독교 신앙은 행위가 아니라 하나님이 만드신 존재에의 집중입니다. 이 존재에 집중할 때, 우린 하나님의 영광에 이릅니다. 하나님은 지금 언급된 엄청난 선물들을 늘 '값없이' 주십니다. 기독교 신앙은 '값없이' 주신 것들을 '값지게' 받을 때 오는 말로 표현 못할 감격입니다. 이 감격이 나를 구원하고, 이 세상을 구원합니다.

　'하나님의 의' 안에 머무십시오. 내가 한 일보다 하나님이 하신 일을 보십시오. 오늘 하루, 이 시선의 전환을 연습하십시오. 성장하십시오!

로마서 3장 19-31절

　우리가 알거니와 무릇 율법이 말하는 바는 율법 아래에 있는 자들에게 말하는 것이니 이는 모든 입을 막고 온 세상으로 하나님의 심판 아래에 있게 하려 함이라 그러므로 율법의 행위로 그의 앞에 의롭다 하심을 얻을 육체가 없나니 율법으로는 죄를 깨달음이니라 이제는 율법 외에 하나님의 한 의가 나타났으니 율법과 선지자들에게 증거를 받은 것이라 곧 예수 그리스도를 믿음으로 말미암아 모든 믿는 자에게 미치는 하나님의 의니 차별이 없느니라 모든 사람이 죄를 범하였으매 하나님의 영광에 이르지 못하더니 그리스도 예수 안에 있는 속량으로 말미암아 하나님의 은혜로 값 없이 의롭다 하심을 얻은 자 되었느니라 이 예수를 하나님이 그의 피로써 믿음으로 말미암는 화목제물로 세우셨으니 이는 하나님께서 길이 참으시는 중에 전에 지은 죄를 간과하심으로 자기의 의로우심을 나타내려 하심이니 곧 이 때에 자기의 의로우심을 나타내사 자기도 의로우시며 또한 예수 믿는 자를 의롭다 하려 하심이라 그런즉 자랑할 데가 어디냐 있을 수가 없느니라 무슨 법으로냐 행위로냐 아니라 오직 믿음의 법으로니라 그러므로 사람이 의롭다 하심을 얻는 것은 율법의 행위에 있지 않고 믿음으로 되는 줄 우리가 인정하노라 하나님은 다만 유대인의 하나님이시냐 또한 이방인의 하나님은 아니시냐 진실로 이방인의 하나님도 되시느니라 할례자도 믿음으로 말미암아 또한 무할례자도 믿음으로 말미암아 의롭다 하실 하나님은 한 분이시니라 그런즉 우리가 믿음으로 말미암아 율법을 파기하느냐 그럴 수 없느니라 도리어 율법을 굳게 세우느니라

오늘의 기도　　구원의 감격으로 가득한 하루, 시선의 전환을 연습하는 하루를 살게 하소서.

삶에 밑줄을 그으라

| 본문: 예레미야 7장 1-15절
| 찬송: 420장 너 성결키 위해

기형도 시인이 쓴 「우리 동네 목사님」이란 시가 있습니다. 이 시에 나오는 목사님은 "성경이 아니라 생활에 밑줄을 그어야 한다."라고 말합니다.

본문을 보면 예레미야도 이스라엘 백성들에게 "생활에 밑줄을 그으라"고 합니다. 이스라엘은 지금 우상숭배에 빠져 있습니다. 우상숭배는 종교취향의 문제가 아닙니다. 우상숭배는 내 삶의 주인은 나이고, 삶의 우선순위는 내 욕망 충족이란 명제의 선언이고 실행입니다. 따라서 우상숭배는 정의로운 삶, 더불어 사는 삶을 파괴합니다. 우상숭배의 특징은 신앙과 삶의 분리입니다. 이스라엘의 우상숭배는 성전을 약탈자로 가득한 도둑의 소굴로 만들었습니다. 하나님은 지금 선지자 예레미야를 써서 통렬하게 이스라엘의 우상숭배를 지적하십니다. 앞의 시는 이렇게 이어집니다. "그의 말은 집사들 사이에서 맹렬한 분노를 자아냈다(중략). 다음 주에 그는 우리 마을을 떠나야 한다." 본문은 이렇게 이어집니다. "너희는 내 말을 듣지 않는다. 가슴 아프지만 나는 너희를 심판할 수밖에 없구나."

"삶에 밑줄을 그으라"고 하나님은 말씀하십니다. 이 말씀이 들리지 않거나, 내 안에서 맹렬한 분노를 자아낸다면, 나는 지금 우상숭배 중입니다. 이 말씀이 들린다면, 나는 하나님의 백성입니다. 하나님의 백성이여, 삶에 밑줄을 그어봅시다.

예레미야 7장 1-15절

여호와께로부터 예레미야에게 말씀이 임하니라 이르시되 너는 여호와의 집 문에 서서 이 말을 선포하여 이르기를 여호와께 예배하러 이 문으로 들어가는 유다 사람들아 여호와의 말씀을 들으라 만군의 여호와 이스라엘의 하나님께서 이와 같이 말씀하시되 너희 길과 행위를 바르게 하라 그리하면 내가 너희로 이곳에 살게 하리라 너희는 이것이 여호와의 성전이라, 여호와의 성전이라, 여호와의 성전이라 하는 거짓말을 믿지 말라 너희가 만일 길과 행위를 참으로 바르게 하여 이웃들 사이에 정의를 행하며 이방인과 고아와 과부를 압제하지 아니하며 무죄한 자의 피를 이 곳에서 흘리지 아니하며 다른 신들 뒤를 따라 화를 자초하지 아니하면 내가 너희를 이 곳에 살게 하리니 곧 너희 조상에게 영원무궁토록 준 땅에니라 보라 너희가 무익한 거짓말을 의존하는도다 너희가 도둑질하며 살인하며 간음하며 거짓 맹세하며 바알에게 분향하며 너희가 알지 못하는 다른 신들을 따르면서 내 이름으로 일컬음을 받는 이 집에 들어와서 내 앞에 서서 말하기를 우리가 구원을 얻었나이다 하느냐 이는 이 모든 가증한 일을 행하려 함이로다 내 이름으로 일컬음을 받는 이 집이 너희 눈에는 도둑의 소굴로 보이느냐 보라 나 곧 내가 그것을 보았노라 여호와의 말씀이니라 너희는 내가 처음으로 내 이름을 둔 처소 실로에 가서 내 백성 이스라엘의 악에 대하여 내가 어떻게 행하였는지를 보라 여호와의 말씀이니라 이제 너희가 그 모든 일을 행하였으며 내가 너희에게 말하되 새벽부터 부지런히 말하여도 듣지 아니하였고 너희를 불러도 대답하지 아니하였느니라 그러므로 내가 실로에 행함 같이 너희가 신뢰하는 바 내 이름으로 일컬음을 받는 이 집 곧 너희와 너희 조상들에게 준 이 곳에 행하겠고 내가 너희 모든 형제 곧 에브라임 온 자손을 쫓아낸 것 같이 내 앞에서 너희를 쫓아내리라 하셨다 할지니라

오늘의 기도	삶으로 하나님을 예배하게 하소서.

큰 귀로 열려 있기

| 본문: 예레미야 7장 21-34절
| 찬송: 204장 주의 말씀 듣고서

소통의 시작은 경청이라고 합니다. 경청은 말만 듣는 게 아닙니다. 내게 말하는 상대방의 내면에 깔린 동기나 감정까지 듣는 것입니다. 보이지 않는 것까지 듣는 일, 그게 경청입니다. 경청은 귀를 가지고 보는 기술입니다. 눈이 할 일까지 하는 큰 귀가 되는 것입니다.

가나안의 종교는 눈의 종교이자 형상의 종교였습니다. 한편 이스라엘의 종교는 말씀의 종교이자 귀의 종교였습니다. 보는 일보다 듣는 일이 더 어렵습니다. 보는 것은 즐겁지만, 듣는 것은 지루합니다. 그래서 가나안에 들어간 이스라엘은 점차 하나님의 말씀을 듣는 일에서 멀어졌고, 그들도 화려한 것을 좇는 눈이 되었습니다. 마침내 이스라엘도 우상 숭배자가 되었습니다. 이런 그들에게 하나님은 말씀하십니다. "너희는 내 목소리를 들으라(7:23)." 경청의 요청입니다. 하나님은 이스라엘의 우상숭배를 자세하게 보여주십니다. 출애굽 한 뒤부터 지금까지 계속되는 이스라엘의 우상숭배를 고발하십니다. 그리고 예루살렘의 함락과 성전 파괴라는 심판을 선언하십니다. 따뜻함은 없고, 서릿발 같은 준엄한 질책만 있습니다. 그러나 경청하면 이 모든 것이 이스라엘을 향한 하나님의 사랑임을 알게 됩니다.

하루가 시작되었습니다. 하나님의 목소리를 들으십시오. 경청하십시오. 보이지 않는 것까지 듣는 큰 귀가 되십시오.

예레미야 7장 21-34절

만군의 여호와 이스라엘의 하나님께서 이와 같이 말씀하시되 너희 희생제물과 번제물의 고기를 아울러 먹으라 사실은 내가 너희 조상들을 애굽 땅에서 인도하여 낸 날에 번제나 희생에 대하여 말하지 아니하며 명령하지 아니하고 오직 내가 이것을 그들에게 명령하여 이르기를 너희는 내 목소리를 들으라 그리하면 나는 너희 하나님이 되겠고 너희는 내 백성이 되리라 너희는 내가 명령한 모든 길로 걸어가라 그리하면 복을 받으리라 하였으나 그들이 순종하지 아니하며 귀를 기울이지도 아니하고 자신들의 악한 마음의 꾀와 완악한 대로 행하여 그 등을 내게로 돌리고 그 얼굴을 향하지 아니하였으며 너희 조상들이 애굽 땅에서 나온 날부터 오늘까지 내가 내 종 선지자들을 너희에게 보내되 끊임없이 보내었으나 너희가 나에게 순종하지 아니하며 귀를 기울이지 아니하고 목을 굳게 하여 너희 조상들보다 악을 더 행하였느니라 네가 그들에게 이 모든 말을 할지라도 그들이 너에게 순종하지 아니할 것이요 네가 그들을 불러도 그들이 네게 대답하지 아니하리니 너는 그들에게 말하기를 너희는 너희 하나님 여호와의 목소리를 순종하지 아니하며 교훈을 받지 아니하는 민족이라 진실이 없어져 너희 입에서 끊어졌다 할지니라 너의 머리털을 베어 버리고 벗은 산 위에서 통곡할지어다 여호와께서 그 노하신 바 이 세대를 끊어 버리셨음이라 여호와께서 말씀하시되 유다 자손이 나의 눈 앞에 악을 행하여 내 이름으로 일컬음을 받는 집에 그들의 가증한 것을 두어 집을 더럽혔으며 힌놈의 아들 골짜기에 도벳 사당을 건축하고 그들의 자녀들을 불에 살랐나니 내가 명령하지 아니하였고 내 마음에 생각하지도 아니한 일이니라 그러므로 여호와께서 말씀하시니라 날이 이르면 이 곳을 도벳이라 하거나 힌놈의 아들의 골짜기라 말하지 아니하고 죽임의 골짜기라 말하리니 이는 도벳에 자리가 없을 만큼 매장했기 때문이니라 이 백성의 시체가 공중의 새와 땅의 짐승의 밥이 될 것이나 그것을 쫓을 자가 없을 것이라 그 때에 내가 유다 성읍들과 예루살렘 거리에 기뻐하는 소리, 즐거워하는 소리, 신랑의 소리, 신부의 소리가 끊어지게 하리니 땅이 황폐하리라

오늘의 기도 하나님의 목소리를 듣는 삶을 살게 하소서.

컴백 홈!

ㅣ 본문: 예레미야 8장 4-7절
ㅣ 찬송: 527장 어서 돌아오오

1995년 10월, 서태지와 아이들은 갱스터 랩 스타일을 도입한 노래 '컴백 홈(Come Back Home)'을 발표합니다. 당시 이 노래를 듣고 가출했던 많은 청소년이 집으로 돌아갔다고 합니다. '컴백 홈'은 비단 가출 청소년들만의 주제가 아닙니다. '컴백 홈'은 인류가 역사 내내 다루어 온 중요한 주제입니다.

본문 전후 문맥을 살피면 하나님은 이스라엘의 죄에 대해 크게 분노하고 계십니다. 그런데 심판의 선언 아래 하나님의 본심이 들어있습니다. "내 자녀야, 돌아오렴!" 인류를 위해 선택된 제사장 나라라는 '너의 참 정체성으로 돌아오라'는 말입니다. 하나님의 준엄한 심판 선언은 실은 이스라엘을 향한 하나님의 따뜻한 '컴백 홈' 요청이었던 것입니다. 본문에는 '돌아오라'는 단어가 5번이나 연속으로 사용되고 있습니다. 여기에 쓰인 히브리어 동사 '슈브'에는 '돌아서다'와 '돌아오다'란 연속동작이 포함됩니다. 하나님은 이스라엘에게 "악으로부터 돌아서 선으로 돌아오라"라고 말씀하고 계십니다. 돌아와야 할 때는 언제입니까? 하나님은 동물들의 습성을 들어 답하십니다(7절). 바로 지금!

하나님이 내게 화가 나 계신 것처럼 느껴지십니까? 그러면 바로 지금 '컴백 홈!' 하십시오. 지금은 하나님의 자녀란 당신의 참 정체성으로 돌아와야 할 때입니다.

예레미야 8장 4-7절

너는 또 그들에게 말하기를 여호와의 말씀에 사람이 엎드러지면 어찌 일어나지 아니하겠으며 사람이 떠나갔으면 어찌 돌아오지 아니하겠느냐 이 예루살렘 백성이 항상 나를 떠나 물러감은 어찌함이냐 그들이 거짓을 고집하고 돌아오기를 거절하도다 내가 귀를 기울여 들은즉 그들이 정직을 말하지 아니하며 그들의 악을 뉘우쳐서 내가 행한 것이 무엇인고 말하는 자가 없고 전쟁터로 향하여 달리는 말 같이 각각 그 길로 행하도다 공중의 학은 그 정한 시기를 알고 산비둘기와 제비와 두루미는 그들이 올 때를 지키거늘 내 백성은 여호와의 규례를 알지 못하도다

오늘의 기도	하나님께로 돌아오는, 하나님의 백성이란 나의 참 정체성으로 돌아가는 삶을 살게 하소서.

우상의 정체를 보라

Ⅰ 본문: 예레미야 10장 11-24절
Ⅰ 찬송: 322장 세상의 헛된 신을 버리고

열 살 무렵의 아이들이 밤에 호기롭게 뒷동산에 올랐습니다. 일명 심야 탐험이었습니다. 덜덜 떨며 조금씩 걸음을 떼던 아이들은 어느 지점에서부터는 아예 산을 오르지 못했습니다. 시커멓고 커다란 물체가 저 앞에 웅크리고 있었기 때문입니다. 그렇게 멈춰있던 심야 탐험은 30여 분 만에 재개되었습니다. 한 친구의 용감한 행동 덕분에 그것이 커다란 검정 비닐인 것이 밝혀졌기 때문입니다. 그 뒤 기세등등해진 심야 탐험대는 뒷동산 정상에 정복의 깃발을 꽂을 수 있었습니다.

본문은 하나님과 우상을 비교하면서 이스라엘이 섬기는 우상들의 정체를 폭로합니다. 그것만으로도 우상은 힘을 잃기 때문입니다. 하나님과 우상의 결정적 차이는 "최초를 만든 존재냐, 아니냐?"입니다. 하나님은 창조주시고, 우상은 피조물입니다. 하나님은 생명이시지만, 우상은 생명이 없습니다. 본문은 "하나님은 누구신가?"란 질문입니다. 본문을 답으로 바꾸면 "하나님은 창조주시다. 나머지는 우상이다. 우상은 네 욕망이 만든 가짜 하나님이다"입니다. 본문은 "우상을 멀리 하라"고 단호하게 권면합니다. 우상숭배의 결과는 매우 비참하기 때문입니다(17-24절).

하나님을 깊이 만나십시오. 그러면 눈이 열리고, 우상의 정체가 드러납니다. 우상의 정체를 알게 되면 두려움이 사라집니다. 우상을 멀리하게 됩니다. 당신의 삶으로 하나님이 드러나십니다.

너희는 이같이 그들에게 이르기를 천지를 짓지 아니한 신들은 땅 위에서, 이 하늘 아래에서 망하리라 하라 여호와께서 그의 권능으로 땅을 지으셨고 그의 지혜로 세계를 세우셨고 그의 명철로 하늘을 펴셨으며 그가 목소리를 내신즉 하늘에 많은 물이 생기나니 그는 땅 끝에서 구름이 오르게 하시며 비를 위하여 번개치게 하시며 그 곳간에서 바람을 내시거늘 사람마다 어리석고 무식하도다 은장이마다 자기의 조각한 신상으로 말미암아 수치를 당하나니 이는 그가 부어 만든 우상은 거짓 것이요 그 속에 생기가 없음이라 그것들은 헛 것이요 망령되이 만든 것인즉 징벌하실 때에 멸망할 것이나 야곱의 분깃은 이같지 아니하시니 그는 만물의 조성자요 이스라엘은 그의 기업의 지파라 그 이름은 만군의 여호와시니라 에워싸인 가운데에 앉은 자여 네 짐 꾸러미를 이 땅에서 꾸리라 여호와께서 이와 같이 말씀하시되 보라 내가 이 땅에 사는 자를 이번에는 내던질 것이라 그들을 괴롭게 하여 깨닫게 하리라 하셨느니라 슬프다 내 상처여 내가 중상을 당하였도다 그러나 내가 말하노라 이는 참으로 고난이라 내가 참아야 하리로다 내 장막이 무너지고 나의 모든 줄이 끊어졌으며 내 자녀가 나를 떠나가고 있지 아니하니 내 장막을 세울 자와 내 휘장을 칠 자가 다시 없도다 목자들은 어리석어 여호와를 찾지 아니하므로 형통하지 못하며 그 모든 양 떼는 흩어졌도다 들을지어다 북방에서부터 크게 떠드는 소리가 들리니 유다 성읍들을 황폐하게 하여 승냥이의 거처가 되게 하리로다 여호와여 내가 알거니와 사람의 길이 자신에게 있지 아니하니 걸음을 지도함이 걷는 자에게 있지 아니하니이다 여호와여 나를 징계하옵시되 너그러이 하시고 진노로 하지 마옵소서 주께서 내가 없어지게 하실까 두려워하나이다

| 오늘의 기도 | 제 우상을 보여주시고, 우상을 멀리하는 삶을 살게 하소서. |

하나님의 본심에 도착하다

| 본문: 예레미야 11장 1-8절
| 찬송: 455장 주님의 마음을 본받는 자

"어떤 것을 알고자 한다면, 정말로 그것을 알려고 한다면, 오랫동안 바라보아야 한다. 내가 바라보는 그것이 되어야 한다(존 모피트)." 제대로 숲을 알려면 내가 숲이 되어야 합니다. 한 몸이 되는 것이 가장 깊이 상대를 아는 일입니다.

본문은 하나님과 맺은 언약을 깨뜨리고 있는 이스라엘을 향한 하나님의 말씀입니다. 하나님은 이스라엘이 언약의 말을 따르지 않으면 저주를 받을 것이라고 말씀하십니다(1-3절). 이어 언약의 내용을 재확인하십니다. 이 언약은 이스라엘이 애굽을 나올 때부터 있었던 것으로서 하나님과 이스라엘의 관계 표현입니다(4-5절). 하나님은 이스라엘이 일방적으로 이 언약을 파기했다고 말씀하십니다. 그래서 그 언약대로 형벌이 이루어지도록 했다고 하십니다(6-8절). 지금 하나님은 몹시 화가 나신 것처럼 보입니다. 화가 나서 이스라엘에게 벌을 내리셨고, 앞으로도 내리실 것처럼 보입니다. 그러나 하나님의 본심은 이스라엘이 회개하여 '나 하나님, 너 내 백성'이란 생명의 관계를 회복하는 것입니다. 고대사회에서 '언약'의 핵심은 계약의 상대와 나뉘면 죽는 한 몸이 되어 존재하는 일이었습니다.

하나님을 오랫동안 바라보십시오. 경건 생활로 하나님과 한 몸이 되십시오. 한 몸이 되어 책망, 심판 같은 모습 뒤에 있는 하나님의 따뜻한 본심을 읽어내십시오. 나는 하나님과 한 몸이 되는 고난을 통과해 하나님의 본심에 도착해야 하는 언약의 백성입니다.

예레미야 11장 1-8절

여호와께로부터 예레미야에게 임한 말씀이라 이르시되 너희는 이 언약의 말을 듣고 유다인과 예루살렘 주민에게 말하라 그들에게 이르기를 이스라엘의 하나님 여호와께서 이와 같이 말씀하시되 이 언약의 말을 따르지 않는 자는 저주를 받을 것이니라 이 언약은 내가 너희 조상들을 쇠풀무 애굽 땅에서 이끌어내던 날에 그들에게 명령한 것이라 곧 내가 이르기를 너희는 내 목소리를 순종하고 나의 모든 명령을 따라 행하라 그리하면 너희는 내 백성이 되겠고 나는 너희의 하나님이 되리라 내가 또 너희 조상들에게 한 맹세는 그들에게 젖과 꿀이 흐르는 땅을 주리라 한 언약을 이루리라 한 것인데 오늘이 그것을 증언하느니라 하라 하시기로 내가 대답하여 이르되 아멘 여호와여 하였노라 여호와께서 내게 이르시되 너는 이 모든 말로 유다 성읍들과 예루살렘 거리에서 선포하여 이르기를 너희는 이 언약의 말을 듣고 지키라 내가 너희 조상들을 애굽 땅에서 인도하여 낸 날부터 오늘까지 간절히 경계하며 끊임없이 경계하기를 너희는 내 목소리를 순종하라 하였으나 그들이 순종하지 아니하며 귀를 기울이지도 아니하고 각각 그 악한 마음의 완악한 대로 행하였으므로 내가 그들에게 행하라 명령하였어도 그들이 행하지 아니한 이 언약의 모든 규정대로 그들에게 이루게 하였느니라 하라

오늘의 기도 하나님과 한 몸이 되는 고난을 받아 하나님의 마음을 알게 하소서

부패하지 말고, 발효하라

❙ 본문: 예레미야 13장 1–11절
❙ 찬송: 449장 예수 따라가며

미생물이 작용하여 생기는 일로 발효와 부패가 있습니다. 둘 다 분해 작용이 시작되고 진행되면서 일어나는 일이지만, 그 결과는 매우 다릅니다. 발효는 인간에게 유익한 물질을 만들어내지만, 부패는 해로운 물질을 만들어냅니다. 한 마디로 발효는 몸에 이롭고, 부패는 몸에 해롭습니다.

본문은 부패에 관한 이야기입니다. 물에 젖지 않았던 하얀 베 띠가 여러 날 후에는 까맣게 썩어버립니다. 물가에 감추어 두었기 때문입니다. 이처럼 죄에 물들지 않았던 하나님의 백성이 열렬한 우상 숭배자가 되었습니다. 그들의 교만 때문입니다. 우리는 선택된 민족이라는 우월감, 무엇보다도 하나님의 말씀에 순종하지 않으면서도 제사를 잘 드리고 있으니 하나님을 잘 섬기고 있다는 착각이 그들을 썩게 했습니다. 하나님이 바라시는 것은 부패가 아니라 발효입니다. 하나님의 말씀에 순종하기 위한 고난을 받는 것입니다. 하나님의 뜻에 순종할 때, 이스라엘은 '제사장 나라'라고 하는 인류 역사 전체를 이롭게 하는 존재가 될 것입니다.

이 사순절 기간에 하나님의 뜻에 순종하십시오. 그러면 당신은 부패하지 않고 발효합니다. 예수님처럼 살기를 다짐하고 실천함으로써 부패를 방지하십시오. 사순절이 끝나는 날, 당신은 이 세상을 이롭게 하는 존재로 달라져 있을 것입니다. 이 거룩한 화학반응 안으로 들어가지 않으시렵니까?

예레미야 13장 1-11절

여호와께서 이와 같이 내게 이르시되 너는 가서 베 띠를 사서 네 허리에 띠고 물에 적시지 말라 하시기로 내가 여호와의 말씀대로 띠를 사서 내 허리에 띠니라 여호와의 말씀이 다시 내게 임하여 이르시되 너는 사서 네 허리에 띤 띠를 가지고 일어나 유브라데로 가서 거기서 그것을 바위 틈에 감추라 하시기로 내가 여호와께서 내게 명령하신 대로 가서 그것을 유브라데 물 가에 감추니라 여러 날 후에 여호와께서 내게 이르시되 일어나 유브라데로 가서 내가 네게 명령하여 거기 감추게 한 띠를 가져오라 하시기로 내가 유브라데로 가서 그 감추었던 곳을 파고 띠를 가져오니 띠가 썩어서 쓸 수 없게 되었더라 여호와의 말씀이 내게 임하니라 이르시되 여호와께서 이와 같이 말씀하시니라 내가 유다의 교만과 예루살렘의 큰 교만을 이같이 썩게 하리라 이 악한 백성이 내 말 듣기를 거절하고 그 마음의 완악한 대로 행하며 다른 신들을 따라 그를 섬기며 그에게 절하니 그들이 이 띠가 쓸 수 없음 같이 되리라 여호와의 말씀이니라 띠가 사람의 허리에 속함 같이 내가 이스라엘 온 집과 유다 온 집으로 내게 속하게 하여 그들로 내 백성이 되게 하며 내 이름과 명예와 영광이 되게 하려 하였으나 그들이 듣지 아니하였느니라

| 오늘의 기도 | 예수님의 고난에 동참하는 삶을 살게 해 주소서. |

순종이란 멍에를 메면 오히려 자유롭다

┃ 본문: 갈라디아서 4장 21절-5장 1절
┃ 찬송: 341장 십자가를 내가 지고

멍에는 수레나 쟁기를 끌기 위해 말이나 소의 목에 얹는 구부러진 막대입니다. 멍에는 소에게 괴로운 것입니다. 하지만 멍에를 메지 않으면 한 (one) 주인의 소유가 될 수 없고, 그 소는 쓸데가 없습니다. 멍에를 메지 않는 소는 자유롭습니다. 그러나 멍에를 메지 않기에 주인의 소유가 되지 않는 소는 불안 속에 환경의 노예로 살아갈 수밖에 없습니다.

본문은 2개의 멍에가 나옵니다. 하나는 종의 멍에입니다. 이 멍에는 여종 하갈의 자녀들이 메는 멍에로서 육체와 율법, 율법주의의 상징입니다. 다른 하나는 자유인의 멍에입니다. 자유 있는 여자의 자녀들이 메는 멍에로서 약속과 성령, 복음을 따르는 삶을 상징합니다. 바울은 종의 멍에를 메지 말라고 합니다. 율법을 준수하여 죄로부터 자유로워지려고 하면 인간은 오히려 죄의 종이 되기 때문입니다. 바울이 권하는 것은 자유인의 멍에를 메는 것입니다. 오직 하나님의 의로만 내가 의로워지는 것임을 믿을 때, 하나님과 올바른 관계 안에 있을 때, 하나님을 주인으로 모시고 하나님의 종으로 살려고 할 때, 우리는 죄로부터 자유롭게 됩니다. 진짜 주인의 종이 되려고 할 때 우린 참 자유인이 됩니다.

다시는 종의 멍에를 메지 마십시오. 이제 '하나님의 뜻에 순종'이란 멍에를 메십시오. 분명 처음에는 이 멍에가 나를 귀찮게 하고, 아프게 합니다. 그러나 이 제한 안에 참 자유가 있습니다. 순종이란 멍에를 메는 것이 정녕 자유롭게 되는 길입니다.

갈라디아서 4장 21절-5장 1절

　내게 말하라 율법 아래에 있고자 하는 자들아 율법을 듣지 못하였느냐 기록된 바 아브라함에게 두 아들이 있으니 하나는 여종에게서, 하나는 자유 있는 여자에게서 났다 하였으며 여종에게서는 육체를 따라 났고 자유 있는 여자에게서는 약속으로 말미암았느니라 이것은 비유니 이 여자들은 두 언약이라 하나는 시내 산으로부터 종을 낳은 자니 곧 하갈이라 이 하갈은 아라비아에 있는 시내 산으로서 지금 있는 예루살렘과 같은 곳이니 그가 그 자녀들과 더불어 종 노릇 하고 오직 위에 있는 예루살렘은 자유자니 곧 우리 어머니라 기록된 바 잉태하지 못한 자여 즐거워하라 산고를 모르는 자여 소리 질러 외치라 이는 홀로 사는 자의 자녀가 남편 있는 자의 자녀보다 많음이라 하였으니 형제들아 너희는 이삭과 같이 약속의 자녀라 그러나 그 때에 육체를 따라 난 자가 성령을 따라 난 자를 박해한 것 같이 이제도 그러하도다 그러나 성경이 무엇을 말하느냐 여종과 그 아들을 내쫓으라 여종의 아들이 자유 있는 여자의 아들과 더불어 유업을 얻지 못하리라 하였느니라 그런즉 형제들아 우리는 여종의 자녀가 아니요 자유 있는 여자의 자녀니라 그리스도께서 우리를 자유롭게 하려고 자유를 주셨으니 그러므로 굳건하게 서서 다시는 종의 멍에를 메지 말라

오늘의 기도	종의 멍에를 메지 말고, 순종의 멍에를 메게 하소서.

사순절 제**24**일

경계에서 피는 꽃

┃ 본문: 로마서 7장 13-25절
┃ 찬송: 585장 내 주는 강한 성이요

경계에는 늘 긴장이 흐릅니다. 극렬한 갈등과 적대감도 존재합니다. 경계에서는 잠들 수 없고, 늘 깨어 있어야 합니다. 경계에 있으면 매우 고단합니다.

본문을 보면 경계에 있는 한 사람이 나옵니다. 그는 선과 악, 하나님의 법과 죄의 법 사이에 있습니다. 그의 정체성은 속사람과 겉사람을 왔다 갔다 합니다. 그는 자신이 원하는 것과 미워하는 것 사이에 어정쩡하게 서 있습니다. 결국 그는 깊이 탄식합니다. "오호라 나는 곤고한 사람이로다. 이 사망의 몸에서 누가 나를 건져내랴." 그런데 이게 끝이 아니었습니다. 해방이 찾아왔고, 새로운 지경이 열렸습니다. 우리 주 예수 그리스도가 거기 계셨습니다. 함민복 시인은 "모든 경계에는 꽃이 핀다(1996)"고 노래했습니다. 하나님의 뜻에 순종하는 삶 안으로 과감하게 뛰어드십시오. 그러면 여러분은 경계에 서게 될 것입니다. 매우 고단할 것입니다. 결국 내가 선한 일을 하고 싶어도 악한 일만 할 뿐이라는 것을 아는 탄식의 자리에 이를 것입니다. 그러나 그 곤궁함의 끝에 예수님이 계십니다. 내 힘으로 선한 일을 할 수 있다는 교만이란 경계가 무너진 그 자리에서 우리는 은혜를 맛볼 것입니다.

오늘부터 하나님께 순종하는 삶으로 돌입하십시오. 경계에 서십시오. 서서 고단하게 흔들리십시오. 그 경계에서 '참 신앙'이란 꽃이 필 것입니다.

2022. 3. 29 (화)

로마서 7장 13-25절

　그런즉 선한 것이 내게 사망이 되었느냐 그럴 수 없느니라 오직 죄가 죄로 드러나기 위하여 선한 그것으로 말미암아 나를 죽게 만들었으니 이는 계명으로 말미암아 죄로 심히 죄 되게 하려 함이라 우리가 율법은 신령한 줄 알거니와 나는 육신에 속하여 죄 아래에 팔렸도다 내가 행하는 것을 내가 알지 못하노니 곧 내가 원하는 것은 행하지 아니하고 도리어 미워하는 것을 행함이라 만일 내가 원하지 아니하는 그것을 행하면 내가 이로써 율법이 선한 것을 시인하노니 이제는 그것을 행하는 자가 내가 아니요 내 속에 거하는 죄니라 내 속 곧 내 육신에 선한 것이 거하지 아니하는 줄을 아노니 원함은 내게 있으나 선을 행하는 것은 없노라 내가 원하는 바 선은 행하지 아니하고 도리어 원하지 아니하는 바 악을 행하는도다 만일 내가 원하지 아니하는 그것을 하면 이를 행하는 자는 내가 아니요 내 속에 거하는 죄니라 그러므로 내가 한 법을 깨달았노니 곧 선을 행하기 원하는 나에게 악이 함께 있는 것이로다 내 속사람으로는 하나님의 법을 즐거워하되 내 지체 속에서 한 다른 법이 내 마음의 법과 싸워 내 지체 속에 있는 죄의 법으로 나를 사로잡는 것을 보는도다 오호라 나는 곤고한 사람이로다 이 사망의 몸에서 누가 나를 건져내랴 우리 주 예수 그리스도로 말미암아 하나님께 감사하리로다 그런즉 내 자신이 마음으로는 하나님의 법을 육신으로는 죄의 법을 섬기노라

| 오늘의 기도 | 하나님께 순종하는 삶으로 돌입하게 해 주소서. |

THE LENT MEDITATION _ 55

성도에겐 상위법이 있다

┃ 본문: 로마서 8장 1-11절
┃ 찬송: 184장 불길 같은 주 성령

"모든 법률에는 상위법이 하위법에 우선한다."는 상위법 우선의 법칙이
있습니다. 하위 법규는 상위 법규를 개정하거나 폐지할 수 없고, 상위 법
규에 위배되면 그 효력을 잃고 맙니다. 대한민국의 법체계는 헌법, 법률,
명령, 조례, 규칙의 순입니다. 가장 상위법인 헌법에 따라 모든 법이 규정
을 받습니다.

본문에 따르면 2가지 법이 있습니다. '생명의 성령의 법'과 '죄와 사망의
법'이 그것입니다. 이 중 '생명의 성령의 법'이 상위법이고, 헌법입니다. 성
도는 이 생명의 법, 성령의 법에 지배받는 사람입니다. 성도는 이 법의 효
력에 따라 죄와 사망의 법에서 완전하게 해방되었습니다. 율법을 따르는
데서 오는 딜레마에서 벗어났습니다. 성도는 하나님의 영이 인도하시는
대로 육신의 생각과 일이 아니라 영의 생각과 일을 생각하는 존재입니다.
당신 안에서 두 법의 충돌이 일어날 때, '생명의 성령의 법'을 생각해야 합
니다. 죄와 사망의 법이 당신을 고소할 때, 당당하게 효력 중지를 선언해
야 합니다. 그리고 당신에게 찾아오신 하나님의 영, 그리스도의 영을 생
각해야 합니다.

예수님을 죽은 자 가운데서 살리신 이의 영이 당신 안에 머물며 생명의
일을 하고 계십니다.

로마서 8장 1–11절

그러므로 이제 그리스도 예수 안에 있는 자에게는 결코 정죄함이 없나니 이는 그리스도 예수 안에 있는 생명의 성령의 법이 죄와 사망의 법에서 너를 해방하였음이라 율법이 육신으로 말미암아 연약하여 할 수 없는 그것을 하나님은 하시나니 곧 죄로 말미암아 자기 아들을 죄 있는 육신의 모양으로 보내어 육신에 죄를 정하사 육신을 따르지 않고 그 영을 따라 행하는 우리에게 율법의 요구가 이루어지게 하려 하심이니라 육신을 따르는 자는 육신의 일을, 영을 따르는 자는 영의 일을 생각하나니 육신의 생각은 사망이요 영의 생각은 생명과 평안이니라 육신의 생각은 하나님과 원수가 되나니 이는 하나님의 법에 굴복하지 아니할 뿐 아니라 할 수도 없음이라 육신에 있는 자들은 하나님을 기쁘시게 할 수 없느니라 만일 너희 속에 하나님의 영이 거하시면 너희가 육신에 있지 아니하고 영에 있나니 누구든지 그리스도의 영이 없으면 그리스도의 사람이 아니라 또 그리스도께서 너희 안에 계시면 몸은 죄로 말미암아 죽은 것이나 영은 의로 말미암아 살아 있는 것이니라 예수를 죽은 자 가운데서 살리신 이의 영이 너희 안에 거하시면 그리스도 예수를 죽은 자 가운데서 살리신 이가 너희 안에 거하시는 그의 영으로 말미암아 너희 죽을 몸도 살리시리라

오늘의 기도 생명의 법, 성령의 법을 따라 살게 하소서.

아빠 아버지

| 본문: 로마서 8장 12-27절
| 찬송: 80장 천지에 있는 이름 중

성경은 영어 성경을 기준으로 356만 6,490개의 단어로 되어있다고 합니다. 빈도수로 보자면 '믿음'과 '구원'은 350번, '사랑'은 700번, '죄'는 1,000번, '돈(부, 재물)'은 무려 3,200번 이상 나옵니다. 가장 많은 빈도수의 단어는 하나님에 대한 호칭(주님, 여호와, 예수님, 성령님 등 포함)으로 무려 15,000번이나 등장합니다. 얼마 전, 성경에 나오는 단어 중에 하나를 남긴다고 한다면 무엇을 남길까를 생각해 본 일이 있습니다. 제 답은 '아버지!'입니다.

하나님의 영인 성령은 우리가 감히 하나님을 '아빠 아버지!'라 부르게 합니다. 하나님을 '아버지'라 부를 수 있을 때, 우리는 종교인에서 비로소 성도가 됩니다. 성도는 하나님 나라의 상속자로서 고난과 영광을 같이 받는 존재입니다. 피조 세계가 우리와 함께 탄식하며 성도가 상속자의 역할을 온전히 하게 되는 때를 기다리고 있습니다. 상속자로 사는 일은 결코 쉽지 않습니다. 아직 영광은 먼데, 고난은 아주 가까이 있습니다. 그러나 포기하지 말아야 합니다. 성령님께서 우리가 상속자의 역할을 잘 감당할 수 있도록 탄식으로 기도하고 계십니다. 너무 힘들 때마다, 단 한 마디로 된 기도를 드려야 합니다.

"아버지……" 이렇게 기도할 수 있다면, 당신은 상속받아야 할 것 중에서 가장 좋은 것을 이미 받고 있습니다. 자, 이제 아버지와 함께 견디는 일만 남았습니다.

그러므로 형제들아 우리가 빚진 자로되 육신에게 져서 육신대로 살 것이 아니니라 너희가 육신대로 살면 반드시 죽을 것이로되 영으로써 몸의 행실을 죽이면 살리니 무릇 하나님의 영으로 인도함을 받는 사람은 곧 하나님의 아들이라 너희는 다시 무서워하는 종의 영을 받지 아니하고 양자의 영을 받았으므로 우리가 아빠 아버지라고 부르짖느니라 성령이 친히 우리의 영과 더불어 우리가 하나님의 자녀인 것을 증언하시나니 자녀이면 또한 상속자 곧 하나님의 상속자요 그리스도와 함께 한 상속자니 우리가 그와 함께 영광을 받기 위하여 고난도 함께 받아야 할 것이니라 생각하건대 현재의 고난은 장차 우리에게 나타날 영광과 비교할 수 없도다 피조물이 고대하는 바는 하나님의 아들들이 나타나는 것이니 피조물이 허무한 데 굴복하는 것은 자기 뜻이 아니요 오직 굴복하게 하시는 이로 말미암음이라 그 바라는 것은 피조물도 썩어짐의 종 노릇 한 데서 해방되어 하나님의 자녀들의 영광의 자유에 이르는 것이니라 피조물이 다 이제까지 함께 탄식하며 함께 고통을 겪고 있는 것을 우리가 아느니라 그뿐 아니라 또한 우리 곧 성령의 처음 익은 열매를 받은 우리까지도 속으로 탄식하여 양자 될 것 곧 우리 몸의 속량을 기다리느니라 우리가 소망으로 구원을 얻었으매 보이는 소망이 소망이 아니니 보는 것을 누가 바라리요 만일 우리가 보지 못하는 것을 바라면 참음으로 기다릴지니라 이와 같이 성령도 우리의 연약함을 도우시나니 우리는 마땅히 기도할 바를 알지 못하나 오직 성령이 말할 수 없는 탄식으로 우리를 위하여 친히 간구하시느니라 마음을 살피시는 이가 성령의 생각을 아시나니 이는 성령이 하나님의 뜻대로 성도를 위하여 간구하심이니라

오늘의 기도 아버지 하나님께 기도하는 삶을 살게 하소서.

'일부'가 아니라 '모든 것'

Ⅰ 본문: 로마서 8장 28-39절
Ⅰ 찬송: 540장 주의 음성을 내가 들으니

　인간은 성장 과정 안에 있고, 성장 과정의 핵심은 배움입니다. 배움에 열려 있을 때, 배움은 인생의 모든 순간, 모든 곳에서 일어납니다. 참 인간은 넘어짐과 실패에서도 배웁니다. 성장 과정 안에서 넘어짐과 실패는 장애물이 아니라 성장의 다른 형태일 뿐입니다.

　성도의 신분은 하나님의 자녀입니다. 하나님은 당신의 자녀를 '미리 아시고 정하심, 부르심, 의롭다고 하심, 영화롭게 하심'이란 성장의 연속 과정 안에 두십니다. 이 성장 과정 안에서는 모든 것이 나를 성장하게 합니다. 일부요? 아니요, 모든 것입니다! 심지어 죄마저도 나를 성장하게 합니다. 하나님의 자녀는 죽을 때까지 성장판이 닫히지 않는 존재입니다. 이 일을 가능하게 하는 것은 하나님의 사랑입니다. 우리는 인간을 사랑하지 않는 하나님을 결코 생각할 수 없습니다. 성경의 증언입니다. "이 우주에 너를 향한 하나님의 사랑을 막을 수 있는 것은 없다."

　내 주변이 온통 나를 가로막는 것들로 가득 찼다고 여겨질 때, 하나님의 자녀란 내 신분을 생각해야 합니다. 내게 너무 얼룩이 많다고 느껴질 때, 하나님의 사랑 안에 있는 나를 발견해야 합니다. 지금 하나님 안에서 일어나는 모든 일이 나의 성장을 돕고 있습니다.

로마서 8장 28-39절

우리가 알거니와 하나님을 사랑하는 자 곧 그의 뜻대로 부르심을 입은 자들에게는 모든 것이 합력하여 선을 이루느니라 하나님이 미리 아신 자들을 또한 그 아들의 형상을 본받게 하기 위하여 미리 정하셨으니 이는 그로 많은 형제 중에서 맏아들이 되게 하려 하심이니라 또 미리 정하신 그들을 또한 부르시고 부르신 그들을 또한 의롭다 하시고 의롭다 하신 그들을 또한 영화롭게 하셨느니라 그런즉 이 일에 대하여 우리가 무슨 말 하리요 만일 하나님이 우리를 위하시면 누가 우리를 대적하리요 자기 아들을 아끼지 아니하시고 우리 모든 사람을 위하여 내주신 이가 어찌 그 아들과 함께 모든 것을 우리에게 주시지 아니하겠느냐 누가 능히 하나님께서 택하신 자들을 고발하리요 의롭다 하신 이는 하나님이시니 누가 정죄하리요 죽으실 뿐 아니라 다시 살아나신 이는 그리스도 예수시니 그는 하나님 우편에 계신 자요 우리를 위하여 간구하시는 자시니라 누가 우리를 그리스도의 사랑에서 끊으리요 환난이나 곤고나 박해나 기근이나 적신이나 위험이나 칼이랴 기록된 바 우리가 종일 주를 위하여 죽임을 당하게 되며 도살 당할 양 같이 여김을 받았나이다 함과 같으니라 그러나 이 모든 일에 우리를 사랑하시는 이로 말미암아 우리가 넉넉히 이기느니라 내가 확신하노니 사망이나 생명이나 천사들이나 권세자들이나 현재 일이나 장래 일이나 능력이나 높음이나 깊음이나 다른 어떤 피조물이라도 우리를 우리 주 그리스도 예수 안에 있는 하나님의 사랑에서 끊을 수 없으리라

오늘의 기도	모든 것이 합력하여 선을 이루게 하시는 하나님을 바라보며 살게 하소서.

괘씸죄도 녹이는 사랑

┃ 본문: 로마서 9장 1-18절
┃ 찬송: 503장 세상 모두 사랑 없어

괘씸죄라는 게 있습니다. 은혜를 받았는데도 불구하고 그것을 잊고 도리어 은혜를 원수로 갚는 배은망덕한 사람에게 적용되는 죄목이겠습니다.

유대인은 그렇게 하나님의 은혜를 잊고 도리어 하나님을 원망하고 그의 아들을 십자가에 못 박아 죽인 괘씸한 사람들입니다. 그러니 이러한 자들은 멸망당해야 마땅하고, 더 나아가 그리스도의 복음에서 완전히 제외되어야 한다고 주장하는 것도 무리는 아닐 듯합니다. 정말로 유대인은, 또 유대인과 같이 하나님을 배반하고 그의 아들이신 예수님을 욕하고 핍박한 사람들은 복음에서 제외되어야 하겠습니까? 그럴 수 없습니다! 한두 번 복음을 거절했다고 복음에서 제외되는 사람은 없습니다. 오늘의 본문은 오히려 더 큰 긍휼함으로 기다리시는 하나님의 사랑을 전하고 있습니다. 죽어 마땅한 사람도 죽기를 원치 않으시는 하나님의 사랑을 어떻게 하면 설명할 수 있겠습니까? 바울은 지금 예수님을 미워하고 그를 믿는 자들을 핍박하고 죽인 사람들까지 구원받기 원하시는 것이 하나님의 뜻이라고 애절하게 호소하고 있습니다. 어떤 희생과 대가를 치르고서라도 저들이 복음을 깨닫고 받아들일 수만 있다면 기꺼이 그렇게 하고 싶다는 심정을 토로합니다.

혹시 우리의 가족과 가장 가까운 친구 중에서 복음을 깨닫지 못하고 구원의 기쁨을 알지 못해 우리 믿음을 조롱하고 핍박하는 이들이 있습니까? 포기하지 말고 그들을 위해 기도합시다. 주님은 그분들을 구원하기 위해 이 땅에 오셨고 십자가의 길을 가셨습니다.

로마서 9장 1-18절

내가 그리스도 안에서 참말을 하고 거짓말을 아니하노라 나에게 큰 근심이 있는 것과 마음에 그치지 않는 고통이 있는 것을 내 양심이 성령 안에서 나와 더불어 증언하노니 나의 형제 곧 골육의 친척을 위하여 내 자신이 저주를 받아 그리스도에게서 끊어질지라도 원하는 바로라 그들은 이스라엘 사람이라 그들에게는 양자 됨과 영광과 언약들과 율법을 세우신 것과 예배와 약속들이 있고 조상들도 그들의 것이요 육신으로 하면 그리스도가 그들에게서 나셨으니 그는 만물 위에 계셔서 세세에 찬양을 받으실 하나님이시니라 아멘 그러나 하나님의 말씀이 폐하여진 것 같지 않도다 이스라엘에게서 난 그들이 다 이스라엘이 아니요 또한 아브라함의 씨가 다 그의 자녀가 아니라 오직 이삭으로부터 난 자라야 네 씨라 불리리라 하셨으니 곧 육신의 자녀가 하나님의 자녀가 아니요 오직 약속의 자녀가 씨로 여기심을 받느니라 약속의 말씀은 이것이니 명년 이 때에 내가 이르리니 사라에게 아들이 있으리라 하심이라 그뿐 아니라 또한 리브가가 우리 조상 이삭 한 사람으로 말미암아 임신하였는데 그 자식들이 아직 나지도 아니하고 무슨 선이나 악을 행하지 아니한 때에 택하심을 따라 되는 하나님의 뜻이 행위로 말미암지 않고 오직 부르시는 이로 말미암아 서게 하려 하사 리브가에게 이르시되 큰 자가 어린 자를 섬기리라 하셨나니 기록된 바 내가 야곱은 사랑하고 에서는 미워하였다 하심과 같으니라 그런즉 우리가 무슨 말을 하리요 하나님께 불의가 있느냐 그럴 수 없느니라 모세에게 이르시되 내가 긍휼히 여길 자를 긍휼히 여기고 불쌍히 여길 자를 불쌍히 여기리라 하셨으니 그런즉 원하는 자로 말미암음도 아니요 달음박질하는 자로 말미암음도 아니요 오직 긍휼히 여기시는 하나님으로 말미암음이니라 성경이 바로에게 이르시되 내가 이 일을 위하여 너를 세웠으니 곧 너로 말미암아 내 능력을 보이고 내 이름이 온 땅에 전파되게 하려 함이라 하셨으니 그런즉 하나님께서 하고자 하시는 자를 긍휼히 여기시고 하고자 하시는 자를 완악하게 하시느니라

| 오늘의 기도 | 사랑의 주님, 우리 가족과 지인들이 주님의 사랑을 전하게 하소서. |

가면 보이고, 순종하면 열리고

┃ 본문: 요한복음 9장 1-17절
┃ 찬송: 545장 이 눈에 아무 증거 아니 뵈어도

끊임없이 질문을 쏟아내지만, 귀는 꽉 막고 있는 사람과 대화를 해보신 적이 있습니까? 어떤 답변을 내놓아도 도무지 들으려 하지 않는 이런 사람을 흔히 '벽창호'라고 합니다.

예수님 앞에 선 바리새인들이 이런 부류의 사람들입니다. 하나님의 아들이신 예수님을 믿지 않는 이들은 그들의 눈앞에서 벌어진 기사와 이적을 보고도 예수님을 믿지 않았던 사람들입니다. 만복의 근원이신 주님 앞에서, 굴러들어온 복을 차버리는 이런 어리석은 자들의 모습과는 대조적인 한 맹인의 이야기를 통해 하나님께서 예비한 복된 삶을 경험하는 비결을 배우기 바랍니다. 예수님이 길을 가시다 날 때부터 맹인 된 사람을 보셨고, 과연 이 사람이 맹인으로 난 것이 누구의 죄로 인함인지 제자들이 물었습니다. 그 죄를 물어 비난할 대상을 찾는 모양새인데, 예수님은 어떻게 하면 이 사람이 당하는 고통의 문제를 해결해 주고, 그로 말미암아 하나님 아버지께 영광을 돌리게 할지 얘기하시면서, 예수님께서 이 일을 위해 보내심을 받았다고 말씀해 주십니다. 보내신 이의 뜻을 따라, 지금은 사망의 그늘이 드리운 곳에 생명의 빛을 비추는 일을 해야 한다고 말씀하신 주님께서, 기괴한 방법으로 맹인의 눈을 만지시고는 실로암 못으로 보내시며 거기서 씻으라고 하십니다. 아버지께서 당신을 보내시듯, 그렇게 맹인을 보내시며 주님의 말씀에 순종할 것을 명하신 것입니다. 이해하기 어려운 요구에도 불구하고 맹인은 망설임 없이, 그를 보내신 이의 명령에 순종하여 실로암에 가서 눈을 씻었고, 거기서 빛을 보게 되었습니다.

우리를 부르시고 보내시는 분의 뜻에 순종하는 것이 빛 가운데로 행하며 하나님께서 예비하신 놀라운 축복을 경험하는 삶인 줄 믿습니다.

요한복음 9장 1-17절

예수께서 길을 가실 때에 날 때부터 맹인 된 사람을 보신지라 제자들이 물어 이르되 랍비여 이 사람이 맹인으로 난 것이 누구의 죄로 인함이니이까 자기니이까 그의 부모니이까 예수께서 대답하시되 이 사람이나 그 부모의 죄로 인한 것이 아니라 그에게서 하나님이 하시는 일을 나타내고자 하심이라 때가 아직 낮이매 나를 보내신 이의 일을 우리가 하여야 하리라 밤이 오리니 그 때는 아무도 일할 수 없느니라 내가 세상에 있는 동안에는 세상의 빛이로라 이 말씀을 하시고 땅에 침을 뱉어 진흙을 이겨 그의 눈에 바르시고 이르시되 실로암 못에 가서 씻으라 하시니 (실로암은 번역하면 보냄을 받았다는 뜻이라) 이에 가서 씻고 밝은 눈으로 왔더라 이웃 사람들과 전에 그가 걸인인 것을 보았던 사람들이 이르되 이는 앉아서 구걸하던 자가 아니냐 어떤 사람은 그 사람이라 하며 어떤 사람은 아니라 그와 비슷하다 하거늘 자기 말은 내가 그라 하니 그들이 묻되 그러면 네 눈이 어떻게 떠졌느냐 대답하되 예수라 하는 그 사람이 진흙을 이겨 내 눈에 바르고 나더러 실로암에 가서 씻으라 하기에 가서 씻었더니 보게 되었노라 그들이 이르되 그가 어디 있느냐 이르되 알지 못하노라 하니라 그들이 전에 맹인이었던 사람을 데리고 바리새인들에게 갔더라 예수께서 진흙을 이겨 눈을 뜨게 하신 날은 안식일이라 그러므로 바리새인들도 그가 어떻게 보게 되었는지를 물으니 이르되 그 사람이 진흙을 내 눈에 바르매 내가 씻고 보나이다 하니 바리새인 중에 어떤 사람은 말하되 이 사람이 안식일을 지키지 아니하니 하나님께로부터 온 자가 아니라 하며 어떤 사람은 말하되 죄인으로서 어떻게 이러한 표적을 행하겠느냐 하여 그들 중에 분쟁이 있었더니 이에 맹인되었던 자에게 다시 묻되 그 사람이 네 눈을 뜨게 하였으니 너는 그를 어떠한 사람이라 하느냐 대답하되 선지자니이다 하니

예수님의 죽음 만이 소망입니다

| 본문: 요한복음 9장 18-41절
| 찬송: 261장 이 세상의 모든 죄를

벽창호도 이런 벽창호가 없습니다. 고집불통에 막무가내인 바리새인들의 강퍅함을 보면서, 우린 흔히 그래도 나는 저들보다 조금은 낫다고 생각합니다만, 실은 '도긴개긴'입니다.

바리새인들의 거역과 패륜이 바로 본질상 진노의 자녀였던 우리의 참모습인 것을 성경이 고발하고 있습니다. 어느 대목에서 거역하든지 우리도 주님을 거역하고 배반하였고, 그래서 의인은 없나니 하나도 없다는 하나님의 말씀은 참되고, 결국 모든 사람이 죄를 범하였기에 그리스도께서 당하신 대속의 죽음 밖에는 우리에게 다른 소망은 없습니다. 죄인임을 고백하면 죄사함 받을 길이 보이지만, 죄 없다 하면 죄와 사망의 권세 아래에서 벗어날 길을 찾지 못하는 것이 눈 어두운 우리 인생입니다. 우리를 치유하고 회복하셔서 구원의 기쁨을 선물하기 원하시는 주님 앞에서, 우리의 죄와 허물을 인정하는 것만이 우리가 살길이라고 주님이 애원하듯 말씀하고 계십니다. 우리의 죄를 정하는 하나님의 율법 앞에서, 스스로 온전하다고 말할 수 있는 사람은 단 한 사람도 없습니다. 그런 면에서, 날 때부터 맹인 되었던 사람이나, 그를 조롱하고 비난하던 바리새인들이나 다 온전히 죄 가운데서 나서 일평생 죄에 종노릇하며 살다가 죽어야 하는 죄인입니다.

죄인 되었던 우리가 대속의 은혜 받았음을 감사하고, 아직도 자신의 의를 주장하며 죄사함 받지 못한 이들에게 회개와 구원의 복음을 전할 수 있게 되기를 바랍니다.

요한복음 9장 18-41절

유대인들이 그가 맹인으로 있다가 보게 된 것을 믿지 아니하고 그 부모를 불러 묻되 이는 너희 말에 맹인으로 났다 하는 너희 아들이냐 그러면 지금은 어떻게 해서 보느냐 그 부모가 대답하여 이르되 이 사람이 우리 아들인 것과 맹인으로 난 것을 아나이다 그러나 지금 어떻게 해서 보는지 또는 누가 그 눈을 뜨게 하였는지 우리는 알지 못하나이다 그에게 물어 보소서 그가 장성하였으니 자기 일을 말하리이다 그 부모가 이렇게 말한 것은 이미 유대인들이 누구든지 예수를 그리스도로 시인하는 자는 출교하기로 결의하였으므로 그들을 무서워함이러라 이러므로 그 부모가 말하기를 그가 장성하였으니 그에게 물어 보소서 하였더라 이에 그들이 맹인이었던 사람을 두 번째 불러 이르되 너는 하나님께 영광을 돌리라 우리는 이 사람이 죄인인 줄 아노라 대답하되 그가 죄인인지 내가 알지 못하나 한 가지 아는 것은 내가 맹인으로 있다가 지금 보는 그것이니이다 그들이 이르되 그 사람이 네게 무엇을 하였느냐 어떻게 네 눈을 뜨게 하였느냐 대답하되 내가 이미 일렀어도 듣지 아니하고 어찌하여 다시 듣고자 하나이까 당신들도 그의 제자가 되려 하나이까 그들이 욕하여 이르되 너는 그의 제자이나 우리는 모세의 제자라 하나님이 모세에게는 말씀하신 줄을 우리가 알거니와 이 사람은 어디서 왔는지 알지 못하노라 그 사람이 대답하여 이르되 이상하다 이 사람이 내 눈을 뜨게 하였으되 당신들은 그가 어디서 왔는지 알지 못하는도다 하나님이 죄인의 말을 듣지 아니하시고 경건하여 그의 뜻대로 행하는 자의 말은 들으시는 줄을 우리가 아나이다 창세 이후로 맹인으로 난 자의 눈을 뜨게 하였다 함을 듣지 못하였으니 이 사람이 하나님께로부터 오지 아니하였으면 아무 일도 할 수 없으리이다 그들이 대답하여 이르되 네가 온전히 죄 가운데서 나서 우리를 가르치느냐 하고 이에 쫓아내어 보내니라 예수께서 그들이 그 사람을 쫓아냈다 하는 말을 들으셨더니 그를 만나사 이르시되 네가 인자를 믿느냐 대답하여 이르되 주여 그가 누구시오니이까 내가 믿고자 하나이다 예수께서 이르시되 네가 그를 보았거니와 지금 너와 말하는 자가 그이니라 이르되 주여 내가 믿나이다 하고 절하는지라 예수께서 이르시되 내가 심판하러 이 세상에 왔으니 보지 못하는 자들은 보게 하고 보는 자들은 맹인이 되게 하려 함이라 하시니 바리새인 중에 예수와 함께 있던 자들이 이 말씀을 듣고 이르되 우리도 맹인인가 예수께서 이르시되 너희가 맹인이 되었더라면 죄가 없으려니와 본다고 하니 너희 죄가 그대로 있느니라

| 오늘의 기도 | 십자가에서 흘리신 보혈의 공로로 말미암아 죄사함을 받았음을 고백하게 하소서. |

문지기로 살아야 합니다

| 본문: 요한복음 10장 1-18절
| 찬송: 521장 구원으로 인도하는

해마다 부활절이 다가오면, 어떤 이들이 자신의 몸을 채찍으로 때려 피를 내기도 하고, 심지어 십자가의 형틀에 자신을 못 박기도 합니다. 아프리카에서는 자신을 무덤에 묻으면 사흘 만에 부활하겠다고 했다가 주검으로 발견되는 이의 소식도 있었습니다. 모두 어리석은 일입니다.

십자가에서 당하신 그리스도의 대속의 죽음은 단 한 번에 영원한 제사가 되었음을 온전히 깨닫지 못할 때 범할 수 있는 잘못입니다. 예수님의 십자가 사건은 단 한 번으로 족합니다. 이에 더할 것도 없고, 이를 대신할 수 있는 것도 없습니다. 오직 그리스도이신 예수님만이 아버지의 뜻을 따라 죄인들을 구원하기 위해 행하신 일이며, 우리는 이 십자가의 복음을 받아 구원을 누리고 또 이 복음을 전함으로 사람들을 주님께로 인도하는 문지기들일 뿐이라고 오늘 본문이 가르칩니다. 오늘도 예수님만이 우리를 돌보시는 유일한 선한 목자이시고, 우리를 아버지의 나라로 인도하는 양의 문이심을 믿음으로 고백해야 합니다. 오직 예수님만이 길이요 진리요 생명이시고, 예수님으로 말미암지 않고는 아버지께로 갈 수 있는 자가 없다는 진리를 잊지 않을 때, 우리는 문지기로서 우리의 정체성과 역할을 망각하지 않을 수 있습니다.

나의 가족과 이웃이 선한 목자이신 주님의 음성을 잘 들을 수 있도록, 오늘 내가 할 수 있는 일이 무엇인지 발견하고 실천하는 복된 날 되기를 바랍니다.

요한복음 10장 1–18절

내가 진실로 진실로 너희에게 이르노니 문을 통하여 양의 우리에 들어가지 아니하고 다른 데로 넘어가는 자는 절도며 강도요 문으로 들어가는 이는 양의 목자라 문지기는 그를 위하여 문을 열고 양은 그의 음성을 듣나니 그가 자기 양의 이름을 각각 불러 인도하여 내느니라 자기 양을 다 내놓은 후에 앞서 가면 양들이 그의 음성을 아는 고로 따라오되 타인의 음성은 알지 못하는 고로 타인을 따르지 아니하고 도리어 도망하느니라 예수께서 이 비유로 그들에게 말씀하셨으나 그들은 그가 하신 말씀이 무엇인지 알지 못하니라 그러므로 예수께서 다시 이르시되 내가 진실로 진실로 너희에게 말하노니 나는 양의 문이라 나보다 먼저 온 자는 다 절도요 강도니 양들이 듣지 아니하였느니라 내가 문이니 누구든지 나로 말미암아 들어가면 구원을 받고 또는 들어가며 나오며 꼴을 얻으리라 도둑이 오는 것은 도둑질하고 죽이고 멸망시키려는 것뿐이요 내가 온 것은 양으로 생명을 얻게 하고 더 풍성히 얻게 하려는 것이라 나는 선한 목자라 선한 목자는 양들을 위하여 목숨을 버리거니와 삯꾼은 목자가 아니요 양도 제 양이 아니라 이리가 오는 것을 보면 양을 버리고 달아나나니 이리가 양을 물어 가고 또 헤치느니라 달아나는 것은 그가 삯꾼인 까닭에 양을 돌보지 아니함이나 나는 선한 목자라 나는 내 양을 알고 양도 나를 아는 것이 아버지께서 나를 아시고 내가 아버지를 아는 것 같으니 나는 양을 위하여 목숨을 버리노라 또 이 우리에 들지 아니한 다른 양들이 내게 있어 내가 인도하여야 할 터이니 그들도 내 음성을 듣고 한 무리가 되어 한 목자에게 있으리라 내가 내 목숨을 버리는 것은 그것을 내가 다시 얻기 위함이니 이로 말미암아 아버지께서 나를 사랑하시느니라 이를 내게서 빼앗는 자가 있는 것이 아니라 내가 스스로 버리노라 나는 버릴 권세도 있고 다시 얻을 권세도 있으니 이 계명은 내 아버지에게서 받았노라 하시니라

오늘의 기도   오늘도 성령의 은사와 능력을 부어주셔서, 선한 청지기의 역할을 온전히 감당하게 하소서.

가장 낮은 곳, 거기에서 인정받은 큰 사람

| 본문: 요한복음 10장 19-42절
| 찬송: 220장 사랑하는 주님 앞에

예수님께서 세례 요한에게 세례를 받으신 요단강 사해 부근은 지구상에서 가장 낮은 곳에 자리하고 있습니다. 오직 아버지의 뜻을 이루려 이 땅에 보냄을 받은 예수님은 가장 낮은 곳에서 세례를 받음으로 당신의 공생애를 시작하셨고, 이를 본 요한은 예수님을 가리켜 "보라 세상 죄를 지고 가는 하나님의 어린 양이로다"라고 외치며 그를 높였습니다(요 1:29).

높은 곳에서 반짝여야 주목받는 세상에 사는 우리는, 주님의 일을 하면서도 자신을 높이고 과시해야만 인정받을 것 같은 유혹에 자주 빠지곤 합니다. 그러나 오늘의 본문이 보여주는 놀라운 사실은 아무 표적을 보이지 못했어도 하나님께서 주신 말씀을 신뢰하며 겸손히 예수님만을 증언한 세례 요한의 위대함입니다. 빛이 아니라 참 빛을 증거 하기 위해 부름을 받은 일꾼인 것을 잊지 않은 요한은 예수님 앞에서 교만했던 바리새인들과는 대조적으로, 겸손히 주의 길을 예비하며, 많은 사람이 예수님을 믿도록 도와주었습니다. 이런 세례 요한을 가리켜, 예수님은 여자가 낳은 자 중에 가장 큰 자라고 하셨습니다(마 11:11). 가장 낮은 곳에서 주님을 증거 한 세례 요한을 통해, 우리가 보일 가장 큰 표적은 바로 예수 그리스도의 십자가를 증거 하는 것이라 말씀하십니다.

사람들이 구하는 대단한 표적은 아니었지만, 하나님 보시기에 가장 큰 표적을 증거 한 세례 요한처럼 우리도 겸손히 빛 되신 주님을 증거 하는 증인의 삶을 살게 되기를 바랍니다.

요한복음 10장 19-42절

　　이 말씀으로 말미암아 유대인 중에 다시 분쟁이 일어나니 그 중에 많은 사람이 말하되 그가 귀신 들려 미쳤거늘 어찌하여 그 말을 듣느냐 하며 어떤 사람은 말하되 이 말은 귀신 들린 자의 말이 아니라 귀신이 맹인의 눈을 뜨게 할 수 있느냐 하더라 예루살렘에 수전절이 이르니 때는 겨울이라 예수께서 성전 안 솔로몬 행각에서 거니시니 유대인들이 에워싸고 이르되 당신이 언제까지나 우리 마음을 의혹하게 하려 하나이까 그리스도이면 밝히 말씀하소서 하니 예수께서 대답하시되 내가 너희에게 말하였으되 믿지 아니하는도다 내가 내 아버지의 이름으로 행하는 일들이 나를 증거하는 것이거늘 너희가 내 양이 아니므로 믿지 아니하는도다 내 양은 내 음성을 들으며 나는 그들을 알며 그들은 나를 따르느니라 내가 그들에게 영생을 주노니 영원히 멸망하지 아니할 것이요 또 그들을 내 손에서 빼앗을 자가 없느니라 그들을 주신 내 아버지는 만물보다 크시매 아무도 아버지 손에서 빼앗을 수 없느니라 나와 아버지는 하나이니라 하신대 유대인들이 다시 돌을 들어 치려 하거늘 예수께서 대답하시되 내가 아버지로 말미암아 여러 가지 선한 일로 너희에게 보였거늘 그 중에 어떤 일로 나를 돌로 치려 하느냐 유대인들이 대답하되 선한 일로 말미암아 우리가 너를 돌로 치려는 것이 아니라 신성모독으로 인함이니 네가 사람이 되어 자칭 하나님이라 함이로라 예수께서 이르시되 너희 율법에 기록된 바 내가 너희를 신이라 하였노라 하지 아니하였느냐 성경은 폐하지 못하나니 하나님의 말씀을 받은 사람들을 신이라 하셨거든 하물며 아버지께서 거룩하게 하사 세상에 보내신 자가 나는 하나님의 아들이라 하는 것으로 너희가 어찌 신성모독이라 하느냐 만일 내가 내 아버지의 일을 행하지 아니하거든 나를 믿지 말려니와 내가 행하거든 나를 믿지 아니할지라도 그 일은 믿으라 그러면 너희가 아버지께서 내 안에 계시고 내가 아버지 안에 있음을 깨달아 알리라 하시니 그들이 다시 예수를 잡고자 하였으나 그 손에서 벗어나 나가시니라 다시 요단 강 저편 요한이 처음으로 세례 베풀던 곳에 가사 거기 거하시니 많은 사람이 왔다가 말하되 요한은 아무 표적도 행하지 아니하였으나 요한이 이 사람을 가리켜 말한 것은 다 참이라 하더라 그리하여 거기서 많은 사람이 예수를 믿으니라

오늘의 기도	자기 자신을 높이고 드러내려고 하는 교만함을 용서하소서.

죽으면 삽니다

| 본문: 요한복음 11장 1-27절
| 찬송: 407장 구주와 함께 나 죽었으니

사람의 생명에 관해 누구도 부인할 수 없는 가장 확실한 사실은 사람은 반드시 죽는다는 것이며, 이와 짝을 이루는 가장 그럴듯한 거짓말은 죽으면 끝이라고 하는 것입니다. 속지 맙시다. 죽음이 끝이라는 생각은 사람들로 지나친 쾌락에 빠지게 하여 삶을 낭비하게 하거나, 혹은 지나친 허무에 빠져 삶을 너무 일찍 포기하게 하는 부작용을 낳기도 합니다.

한 번 죽는 것은 사람에게 정해진 것이나 그 후에는 심판이 있을 것이란 성경의 가르침에 귀를 기울여야 이 땅에서의 삶을 의미 있고 보람 있게 살 수 있습니다(히 9:27). 숙명처럼 맞이하는 죽음을 극복할 수 없는 우리 인생들을 위해 주님이 오셔서 구원의 길을 열어주셨습니다. 죽은 나사로를 살리신 사건은 우리 주 예수 그리스도께서 생명의 주관자가 됨을 드러내기 위해 보이신 표적입니다. 우리는 일평생 죄에게 종노릇하며, 죽음을 무기로 우리를 위협하는 마귀에게 속아 두려워 떨며 살던 불쌍한 죄인들이었습니다. 나사로를 살리신 예수님은 우리도 썩어짐의 종노릇 한 데서 해방되어 하나님의 자녀들의 영광의 자유에 이르기 원하십니다(롬 8:21). 몸은 죽여도 영혼은 능히 죽이지 못하는 자들을 두려워할 것이 아니라, 오직 우리 몸과 영혼을 능히 지옥에 멸하실 수 있는 권세를 가진 주님께서 우리를 사망의 권세에서 건져 구원에 이르게 하셨음을 믿고 크게 감사하기 원합니다(마 10:28).

주님은 죄에서 죽을 수밖에 없는 우리를 살리기 위해 오셨습니다. 죽음의 두려움에서 벗어나서 복음 안에서 건강하게 살 수 있도록 기도해야 합니다.

요한복음 11장 1-27절

어떤 병자가 있으니 이는 마리아와 그 자매 마르다의 마을 베다니에 사는 나사로라 이 마리아는 향유를 주께 붓고 머리털로 주의 발을 닦던 자요 병든 나사로는 그의 오라버니더라 이에 그 누이들이 예수께 사람을 보내어 이르되 주여 보시옵소서 사랑하시는 자가 병들었나이다 하니 예수께서 들으시고 이르시되 이 병은 죽을 병이 아니라 하나님의 영광을 위함이요 하나님의 아들이 이로 말미암아 영광을 받게 하려 함이라 하시더라 예수께서 본래 마르다와 그 동생과 나사로를 사랑하시더니 나사로가 병들었다 함을 들으시고 그 계시던 곳에 이틀을 더 유하시고 그 후에 제자들에게 이르시되 유대로 다시 가자 하시니 제자들이 말하되 랍비여 방금도 유대인들이 돌로 치려 하였는데 또 그리로 가시려 하나이까 예수께서 대답하시되 낮이 열두 시간이 아니냐 사람이 낮에 다니면 이 세상의 빛을 보므로 실족하지 아니하고 밤에 다니면 빛이 그 사람 안에 없는 고로 실족하느니라 이 말씀을 하신 후에 또 이르시되 우리 친구 나사로가 잠들었도다 그러나 내가 깨우러 가노라 제자들이 이르되 주여 잠들었으면 낫겠나이다 하더라 예수는 그의 죽음을 가리켜 말씀하신 것이나 그들은 잠들어 쉬는 것을 가리켜 말씀하심인 줄 생각하는지라 이에 예수께서 밝히 이르시되 나사로가 죽었느니라 내가 거기 있지 아니한 것을 너희를 위하여 기뻐하노니 이는 너희로 믿게 하려 함이라 그러나 그에게로 가자 하시니 디두모라고도 하는 도마가 다른 제자들에게 말하되 우리도 주와 함께 죽으러 가자 하니라 예수께서 와서 보시니 나사로가 무덤에 있은 지 이미 나흘이라 베다니는 예루살렘에서 가깝기가 한 오 리쯤 되매 많은 유대인이 마르다와 마리아에게 그 오라비의 일로 위문하러 왔더니 마르다는 예수께서 오신다는 말을 듣고 곧 나가 맞이하되 마리아는 집에 앉았더라 마르다가 예수께 여짜오되 주께서 여기 계셨더라면 내 오라버니가 죽지 아니하였겠나이다 그러나 나는 이제라도 주께서 무엇이든지 하나님께 구하시는 것을 하나님이 주실 줄을 아나이다 예수께서 이르시되 네 오라비가 다시 살아나리라 마르다가 이르되 마지막 날 부활 때에는 다시 살아날 줄 내가 아나이다 예수께서 이르시되 나는 부활이요 생명이니 나를 믿는 자는 죽어도 살겠고 무릇 살아서 나를 믿는 자는 영원히 죽지 아니하리니 이것을 네가 믿느냐 이르되 주여 그러하외다 주는 그리스도시요 세상에 오시는 하나님의 아들이신 줄 내가 믿나이다

오늘의 기도	죄와 허물로 죽었던 우리를 살리신 생명의 주님을 기뻐하며 믿음으로 살게 하소서.

오직 믿음으로만 주님을 만납니다

ㅣ 본문: 요한복음 11장 28-44절
ㅣ 찬송: 546장 주님 약속하신 말씀 위에 서

'예수님 만나고 싶어요.'란 어린이 찬양을 듣고, 예수님을 만난다는 것에 대해 생각해 본 적이 있습니다.

나사로를 살리시는 사건을 기록한 오늘 말씀에서는 과연 누가 예수님을 만났다고 얘기할 수 있겠습니까? 예수님과 가장 가까운 거리에서 예수님을 보고 듣고, 심지어 예수님이 가는 곳마다 따라 다니며 논쟁을 일삼았던 바리새인들을 두고, 이들이 예수님을 만났다고 할 사람은 없을 것 같습니다. 살아 숨 쉬며 스스로 보고 듣는다고 하지만 끝내 예수님을 인정하지 못한 이들보다, 오히려 죽은 나사로가 주님의 음성을 듣고 예수님을 만났다는 사실에 주목해야 합니다. 죽을 인생들을 보며 비통히 여겨 눈물을 흘리신 주님을 더욱 비통하게 만든 것은 영원한 생명을 주기 위해 오신 예수님을 믿지 않는 이들의 불신이었습니다. 죄인이라 고백하면 의인될 길이 열리고, 죽었다고 고백하면 살길이 보일 텐데, 스스로 의인이라 자부하며 도무지 보지도 듣지도 못하는 죽은 영혼들이 스스로 살았다고 하니, 주님이 서 계시나 보지 못하고, 말씀하시나 듣지 못하는 것입니다. 맹인의 눈을 뜨게 하신 분이 자신들의 어두운 눈을 열어 당신이 생명의 주가 되심을 보기 원하시는데도 불구하고, 도리어 예수님을 조롱하는 바리새인들은 결국은 참되신 주님을 만나지 못한 불쌍한 사람들입니다.

오직 그 은혜를 인하여 믿음으로 의인 된 우리는 오직 믿음으로만 우리 주님을 만나는 축복을 누려야 합니다.

요한복음 11장 28-44절

이 말을 하고 돌아가서 가만히 그 자매 마리아를 불러 말하되 선생님이 오셔서 너를 부르신다 하니 마리아가 이 말을 듣고 급히 일어나 예수께 나아가매 예수는 아직 마을로 들어오지 아니하시고 마르다가 맞이했던 곳에 그대로 계시더라 마리아와 함께 집에 있어 위로하던 유대인들은 그가 급히 일어나 나가는 것을 보고 곡하러 무덤에 가는 줄로 생각하고 따라가더니 마리아가 예수 계신 곳에 가서 뵙고 그 발 앞에 엎드리어 이르되 주께서 여기 계셨더라면 내 오라버니가 죽지 아니하였겠나이다 하더라 예수께서 그가 우는 것과 또 함께 온 유대인들이 우는 것을 보시고 심령에 비통히 여기시고 불쌍히 여기사 이르시되 그를 어디 두었느냐 이르되 주여 와서 보옵소서 하니 예수께서 눈물을 흘리시더라 이에 유대인들이 말하되 보라 그를 얼마나 사랑하셨는가 하며 그 중 어떤 이는 말하되 맹인의 눈을 뜨게 한 이 사람이 그 사람은 죽지 않게 할 수 없었더냐 하더라 이에 예수께서 다시 속으로 비통히 여기시며 무덤에 가시니 무덤이 굴이라 돌로 막았거늘 예수께서 이르시되 돌을 옮겨 놓으라 하시니 그 죽은 자의 누이 마르다가 이르되 주여 죽은 지가 나흘이 되었으매 벌써 냄새가 나나이다 예수께서 이르시되 내 말이 네가 믿으면 하나님의 영광을 보리라 하지 아니하였느냐 하시니 돌을 옮겨 놓으니 예수께서 눈을 들어 우러러 보시고 이르시되 아버지여 내 말을 들으신 것을 감사하나이다 항상 내 말을 들으시는 줄을 내가 알았나이다 그러나 이 말씀 하옵는 것은 둘러선 무리를 위함이니 곧 아버지께서 나를 보내신 것을 그들로 믿게 하려 함이니이다 이 말씀을 하시고 큰 소리로 나사로야 나오라 부르시니 죽은 자가 수족을 베로 동인 채로 나오는데 그 얼굴은 수건에 싸였더라 예수께서 이르시되 풀어 놓아 다니게 하라 하시니라

| 오늘의 기도 | 성령님, 우리의 어두운 눈과 귀를 열어주셔서 생명의 주되신 예수님을 만나게 하소서. |

호산나! 참 예배자로
주의 구원을 노래합니다

| 본문: 요한복음 12장 9-19절
| 찬송: 141장 호산나 호산나

해마다 종려주일이 되면 우리는 호산나 외치며 찬양을 부릅니다. 고난주간을 시작하는 이 거룩한 아침에 우리는 어떤 마음으로 평화의 왕으로 오신 주님을 맞이해야 할지 함께 묵상하기 원합니다.

죽은 나사로를 살리신 예수님이 이제 예루살렘으로 가실 준비를 하고 계실 때입니다. 소문을 들은 사람들이 예수님께 몰려들었습니다. 유월절이 가까운 때이어서 명절을 지키기 위해 전국 각지에서 사람들이 몰려와 분위기가 고조되었을 때, 예수님이 어린 나귀를 타고 예루살렘으로 들어오셨습니다. 종려나무 가지를 손에 든 사람들이 '호산나(구원하소서)' 외치며 환호하지만, 이를 바라보는 바리새인들의 마음은 불편하기만 했습니다. 예수님이 눈엣가시인 바리새인들이 어찌할 수 없는 이 상황에 그저 속만 끓이고 있는 것도 안타까운 일이지만, 머지않아 예수님을 십자가에 못 박으라고 아우성칠 어리석을 군중들이나, 예수님이 왜 예루살렘으로 들어가시는지 아직도 깨닫지 못한 제자들을 보면 더욱더 안타깝기만 합니다. 주의 다시 오심을 기다리며 고난주간을 맞는 성도는, 대속의 죽음을 통해 우리를 구원하시려고 찾아오신 주님을 참 마음과 정성으로 맞이하고 있는지 돌아보아야 합니다.

십자가 지실 주님의 발 앞에 엎드려 전심으로 주를 높여 경배하며, 우리의 향유 옥합을 깨뜨려 부어드리는 참 예배를 드릴 수 있기를 기도합니다.

요한복음 12장 9-19절

유대인의 큰 무리가 예수께서 여기 계신 줄을 알고 오니 이는 예수만 보기 위함이 아니요 죽은 자 가운데서 살리신 나사로도 보려 함이러라 대제사장들이 나사로까지 죽이려고 모의하니 나사로 때문에 많은 유대인이 가서 예수를 믿음이러라 그 이튿날에는 명절에 온 큰 무리가 예수께서 예루살렘으로 오신다는 것을 듣고 종려나무 가지를 가지고 맞으러 나가 외치되 호산나 찬송하리로다 주의 이름으로 오시는 이 곧 이스라엘의 왕이시여 하더라 예수는 한 어린 나귀를 보고 타시니 이는 기록된 바 시온 딸아 두려워하지 말라 보라 너의 왕이 나귀 새끼를 타고 오신다 함과 같더라 제자들은 처음에 이 일을 깨닫지 못하였다가 예수께서 영광을 얻으신 후에야 이것이 예수께 대하여 기록된 것임과 사람들이 예수께 이같이 한 것임이 생각났더라 나사로를 무덤에서 불러내어 죽은 자 가운데서 살리실 때에 함께 있던 무리가 증언한지라 이에 무리가 예수를 맞음은 이 표적행하심을 들었음이러라 바리새인들이 서로 말하되 볼지어다 너희 하는 일이 쓸 데 없다 보라 온 세상이 그를 따르는도다 하니라

| 오늘의 기도 | 오 사랑의 예수님, 우리 죄를 대속하기 위해 우리에게 찾아오신 주님을 참 마음으로 경배하게 하시고, 주께서 베푸신 구원의 은혜를 귀히 여기게 하소서. |

역설 안으로, 그 찬란한 생명 안으로

| 본문: 요한복음 12장 20-26절
| 찬송: 251장 놀랍다 주님의 큰 은혜

사는 게 죽는 것보다 어렵다고들 합니다. 물론 잘 살기 위해 짊어져야 하는 부담의 무게 때문에 하는 말이겠습니다만, 정작 죽음의 문턱에 이르면 누구나 살려고 발버둥 치기 마련입니다. 오죽하면, 개똥밭에 굴러도 이승이 좋다는 말이 나오겠습니까? 죽지 못해 산다고 하면서도, 어떻게든 살기 위해 온 힘을 다하는 인간에게 그래서 죽어야 산다는 기독교 신앙의 역설은 참 믿고 따르기 어려운 가르침입니다.

명절에 올라온 헬라인 몇이 예수님을 뵙기 원했을 때, 인자가 영광을 얻을 때가 왔다고 예수님께서 친히 증언하신 것은 당신의 죽음과 부활을 통해 하나님의 구원이 열방 중에 선포될 때가 이르렀음을 알리는 신호탄이었습니다. 세상을 구원하기 위해 십자가를 져야 하는 시간이 임박했다는 말씀입니다. 아버지의 신실하심을 신뢰함으로 이 죽음을 받아들인 예수님처럼, 우리도 같은 믿음으로 죽기를 각오하며 아버지의 뜻을 따를 수 있기를 사모하고 기도합니다. 육신의 소욕을 이기지 못해 날마다 좌절하면서도, 우리의 입술로 감히 '내가 그리스도와 함께 십자가에 못 박혔나니 그런즉 이제는 내가 사는 것이 아니요 오직 내 안에 그리스도께서 사시는 것이라'고 고백할 수 있는 이유는, 분명 죽기까지 우리를 사랑하신 하나님의 은혜 때문일 것입니다.

그리스도 안에서 이미 죽고 다시 산 우리는 부활의 영화로운 몸을 입기까지 오직 믿음으로만 살아야 하겠습니다.

요한복음 12장 20-26절

　명절에 예배하러 올라온 사람 중에 헬라인 몇이 있는데 그들이 갈릴리 벳새다 사람 빌립에게 가서 청하여 이르되 선생이여 우리가 예수를 뵈옵고자 하나이다 하니 빌립이 안드레에게 가서 말하고 안드레와 빌립이 예수께 가서 여쭈니 예수께서 대답하여 이르시되 인자가 영광을 얻을 때가 왔도다 내가 진실로 진실로 너희에게 이르노니 한 알의 밀이 땅에 떨어져 죽지 아니하면 한 알 그대로 있고 죽으면 많은 열매를 맺느니라 자기의 생명을 사랑하는 자는 잃어버릴 것이요 이 세상에서 자기의 생명을 미워하는 자는 영생하도록 보전하리라 사람이 나를 섬기려면 나를 따르라 나 있는 곳에 나를 섬기는 자도 거기 있으리니 사람이 나를 섬기면 내 아버지께서 그를 귀히 여기시리라

오늘의 기도 우리 썩어질 육신의 죄를 이미 십자가에서 정하신 하나님, 그리스도 안에서 새 생명 얻은 자의 소망을 품고 오직 믿음으로 살게 하소서.

창조주의 수치와 바꾼 생명

┃ 본문: 요한복음 12장 27-36절
┃ 찬송: 23장 만 입이 내게 있으면

　도농지역에 자리한 교회 주변에는 농가들이 제법 있습니다. 하루는 아랫집에 사는 분이 상기된 얼굴로 교회에 오시더니, 교회 아이들이 비닐하우스에 돌을 던져 구멍을 냈다고 야단을 하십니다. 확인을 해보니, 교회학교 아이들이 한 일이었습니다. 죄송한 마음에 음료수를 가지고 찾아가 머리를 숙이며 용서를 구했습니다. 근데 얼마 있다가 이번에는 깨밭을 밟아 망가뜨려서 다시 이마가 땅에 닿도록 사과한 일도 있었습니다. 목사가 한 일도 아닌데, 호기심 많은 아이들 덕분에 난처한 일을 꽤나 많이 당했습니다. 목사가 머리를 숙인 덕분에 아이들은 잘 자라 이젠 듬직한 일꾼들이 됐습니다.

　알파와 오메가가 되시며 생명의 주되신 예수님에게 죽음이란 있을 수 없는 일입니다. 다른 어떤 더러운 질병보다 더욱 더 더러운 것이 주검이기에, 거룩하신 주님께서 죽은 나사로의 무덤에 가신 것이 고통스러운 일이었으며, 더욱이 친히 죽임을 당하고 무덤에 머물러야 한다는 것은 예수님께는 말할 수 없는 괴롭고 수치스러운 일이었습니다. 그러나 자신이 이때를 위하여 세상에 보냄을 받은 것을 아시기에, 아버지의 뜻을 따라 몸소이 수치를 당하셨습니다. 죄와 허물 때문에 영원한 형벌을 받아야 하는 우리를 위해 말할 수 없는 괴로움을 참으신 주님 덕분에 우리가 자유를 얻은 것은, 뚫어진 비닐하우스를 변상하거나 망가진 깨밭을 보상하는 것에 비할 수 없는 크고 놀라운 은혜입니다.

　갚을 수 없는 은혜를 받은 우리가 이제는 주님의 몸 된 교회를 위해 고난에 동참하는 시간이 되어야 합니다.

요한복음 12장 27-36절

지금 내 마음이 괴로우니 무슨 말을 하리요 아버지여 나를 구원하여 이 때를 면하게 하여 주옵소서 그러나 내가 이를 위하여 이 때에 왔나이다 아버지여, 아버지의 이름을 영광스럽게 하옵소서 하시니 이에 하늘에서 소리가 나서 이르되 내가 이미 영광스럽게 하였고 또다시 영광스럽게 하리라 하시니 곁에 서서 들은 무리는 천둥이 울었다고도 하며 또 어떤 이들은 천사가 그에게 말하였다고도 하니 예수께서 대답하여 이르시되 이 소리가 난 것은 나를 위한 것이 아니요 너희를 위한 것이니라 이제 이 세상에 대한 심판이 이르렀으니 이 세상의 임금이 쫓겨나리라 내가 땅에서 들리면 모든 사람을 내게로 이끌겠노라 하시니 이렇게 말씀하심은 자기가 어떠한 죽음으로 죽을 것을 보이심이러라 이에 무리가 대답하되 우리는 율법에서 그리스도가 영원히 계신다 함을 들었거늘 너는 어찌하여 인자가 들려야 하리라 하느냐 이 인자는 누구냐 예수께서 이르시되 아직 잠시 동안 빛이 너희 중에 있으니 빛이 있을 동안에 다녀 어둠에 붙잡히지 않게 하라 어둠에 다니는 자는 그 가는 곳을 알지 못하느니라 너희에게 아직 빛이 있을 동안에 빛을 믿으라 그리하면 빛의 아들이 되리라 예수께서 이 말씀을 하시고 그들을 떠나가서 숨으시니라

오늘의 기도	우리가 받은 대속의 은혜를 온전히 깨닫게 하시고, 그 은혜에 합당한 영광과 찬송을 주님께 돌리게 하소서.

두려움 없이 담대하게

| 본문: 요한복음 17장 1-11절
| 찬송: 585장 내 주는 강한 성이요

'내일 지구의 종말이 온다고 하더라도 나는 오늘 한그루의 사과나무를 심겠다.'라는 명언이 있습니다. 찬송 '내 주는 강한 성이요'의 저자인 종교개혁가 마틴 루터가 남긴 말인데, 하나님의 때를 기다리며 주어진 하루를 성실하게 살겠다는 종말론적 신앙고백이 담겨있는 말입니다. 오늘이 이 땅에서 허락된 내 생의 마지막 날이라는 심정으로 오늘 하루를 산다면, 과연 이 하루를 어떻게 보내야 하겠습니까?

십자가에 달리시기 전, 예수님은 제자들과 함께 시간을 보내고 계셨습니다. 이 땅에서의 마지막 시간을 제자들과 함께 보내신 주님은 당신의 죽음으로 인해 세상을 구원하기 원하시는 하늘 아버지의 뜻이 땅에서 이루어질 것이며, 보혜사 성령이 오셔서 이 모든 일에 대해 소상히 알게 해주시리란 말씀을 하신 후, 사랑하는 제자들을 위해 영원한 대제사장의 기도를 드리셨습니다. 세상에 남겨질 제자들이 천국의 기쁨과 소망을 잃지 않고, 아버지 안에서 하나 되어 증인의 사명을 온전히 감당할 수 있기를 간구하신 것입니다. 예수님은 생의 마지막 순간까지 제자들을 위해 자신을 온전히 드리셨습니다. 주님의 제자인 우리는, 이제 주님께서 친히 보이신 이 거룩한 희생을 본받는 삶을 살아야겠습니다.

내일 지구의 종말이 온다고 하더라도, 내게 맡겨진 사명을 묵묵히 감당하는 주님의 참 제자가 되기를 바랍니다.

요한복음 17장 1-11절

　예수께서 이 말씀을 하시고 눈을 들어 하늘을 우러러 이르시되 아버지여 때가 이르렀사오니 아들을 영화롭게 하사 아들로 아버지를 영화롭게 하게 하옵소서 아버지께서 아들에게 주신 모든 사람에게 영생을 주게 하시려고 만민을 다스리는 권세를 아들에게 주셨음이로소이다 영생은 곧 유일하신 참 하나님과 그가 보내신 자 예수 그리스도를 아는 것이니이다 아버지께서 내게 하라고 주신 일을 내가 이루어 아버지를 이 세상에서 영화롭게 하였사오니 아버지여 창세 전에 내가 아버지와 함께 가졌던 영화로써 지금도 아버지와 함께 나를 영화롭게 하옵소서 세상 중에서 내게 주신 사람들에게 내가 아버지의 이름을 나타내었나이다 그들은 아버지의 것이었는데 내게 주셨으며 그들은 아버지의 말씀을 지키었나이다 지금 그들은 아버지께서 내게 주신 것이 다 아버지로부터 온 것인 줄 알았나이다 나는 아버지께서 내게 주신 말씀들을 그들에게 주었사오며 그들은 이것을 받고 내가 아버지께로부터 나온 줄을 참으로 아오며 아버지께서 나를 보내신 줄도 믿었사옵나이다 내가 그들을 위하여 비옵나니 내가 비옵는 것은 세상을 위함이 아니요 내게 주신 자들을 위함이니이다 그들은 아버지의 것이로소이다 내 것은 다 아버지의 것이요 아버지의 것은 내 것이온데 내가 그들로 말미암아 영광을 받았나이다 나는 세상에 더 있지 아니하오나 그들은 세상에 있사옵고 나는 아버지께로 가옵나니 거룩하신 아버지여 내게 주신 아버지의 이름으로 그들을 보전하사 우리와 같이 그들도 하나가 되게 하옵소서

오늘의 기도	우리의 길을 예비하시는 하나님, 오늘도 주님 손 꼭 붙잡고 믿음으로 살게 하시고 주님께서 부탁하신 거룩한 사명을 감당하게 하소서.

주님보다 앞서지 않고 따라가기

ㅣ 본문: 요한복음 13장 36-38절
ㅣ 찬송: 461장 십자가를 질 수 있나

한 목사님이 교회의 어려운 성도를 도와 이삿짐을 나르고 난 후 아들에게 물었습니다. "아빠가 하는 일이 좋지 않냐? 도와주기도 하고 말씀도 전하고 말이야." 아들은 "예, 좋아요."라고 선뜻 말했습니다. "그럼 너도 목사 될래?"라고 다시 묻자 아들은 "아니요. 좋기는 한데, 하기는 싫어요!"라고 단호하게 대답했습니다. 좋은 일이지만 정작 본인은 하기 싫은 일들이 있습니다.

주님 가시는 곳에 함께 가겠다고 하면서, 목숨까지 버릴 각오가 돼 있다고 큰소리를 치는 제자가 있습니다. 수제자라 불리는 베드로입니다. 그런 베드로에게 주님께서 지금은 내가 먼저 갈 테니 후에 따라오라고 하십니다. 나중에 예수님이 잡히실 때, 주님을 부인하는 부끄러운 모습을 보이기도 했지만, 이후 성령의 권능을 받은 베드로는 주님의 예언대로 십자가의 길을 따르며 제자로 살다 죽었습니다. 주님보다 앞서지 않고 주님께서 주신 말씀의 약속 위에 굳게 서서 믿음으로 주님만 따라가는 제자가 되었습니다.

선하고 옳은 길이지만 가기 싫은 길이 있습니다. 하지만 부활의 예수 그리스도를 대망하는 그리스도인들은 꼭 그 길을 가야만 합니다. 예수님께서 가신 길을 따라 순종하며 가는 제자의 삶을 따라야 합니다. 그러면 보혜사 성령님께서 반드시 우리를 도와 십자가의 길, 영원한 생명의 길로 행하게 해주실 줄 믿습니다.

요한복음 13장 36-38절

시몬 베드로가 이르되 주여 어디로 가시나이까 예수께서 대답하시되 내가 가는 곳에 네가 지금은 따라올 수 없으나 후에는 따라오리라 베드로가 이르되 주여 내가 지금은 어찌하여 따라갈 수 없나이까 주를 위하여 내 목숨을 버리겠나이다 예수께서 대답하시되 네가 나를 위하여 네 목숨을 버리겠느냐 내가 진실로 진실로 네게 이르노니 닭 울기 전에 네가 세 번 나를 부인하리라

오늘의 기도	주님만 따라가기 원합니다. 주님 가신 길 십자가의 길을 오직 주님만 따라가게 하소서. 십자가 지고 골고다 언덕 오르신 주님을 호산나 외치며 찬양합니다.

성령이 싸우시게 하라

▎ 본문: 로마서 8장 1~11절
▎ 찬송: 196장 성령의 은사를

믿음 생활하면서 자신의 육체의 소욕과 갈등하지 않는 삶은 그것이 비록 편안하게 느껴질지 몰라도, 그리스도 안에서 우리에게 주신 참 평안을 누리는 삶은 아닐 수 있습니다. 도리어 영적으로 무감각해진 증거일 가능성이 있습니다.

하나님의 선하시고 기뻐하시고 온전하신 뜻을 따라 살려고 하면 할수록 더 좌절하고, 선한 하나님의 율법이 짐스럽게 느껴져 낙심하게 되는 것은 성화의 과정에서 성도가 반드시 경험하게 되는 영적인 싸움입니다. 그러나 마음으로는 하나님의 법을 육신으로는 죄의 법을 섬기는 혼란 속에서도, 구원을 받은 우리 성도들이 반드시 기억해야 할 사실이 있습니다. 그것은 '예수 안에 있는 자에게는 결코 정죄함이 없나니'란 변치 않는 말씀의 약속입니다. 오늘의 본문은 예수님과 함께 죽고 산 우리 성도들이 부활의 몸을 입기 전까지 겪어야 할 영적 싸움, 즉 연약한 육체 가운데 거하며 성결한 삶을 살려고 하는 성도에게 닥치는 영적 싸움에서 성령의 역할이 얼마나 중요한지 잘 보여주고 있는 말씀입니다. 우리의 연약함을 너무 잘 아시는 하나님께서 우리를 도우시기 위해 보혜사 성령을 보내주셨습니다. 죄에 의해 악용되었던 율법 조문이 하나님의 거룩한 말씀이 되게 하고, 죄의 병기가 된 우리 육체를 돌이켜 하나님 나라의 의의 병기가 될 수 있게 하는 능력은 성령으로부터 임합니다. 따라서 진정한 회복과 평강을 누리기 위해 우리는 육체의 소욕과 싸우는 영적 싸움에 당당하게 임해야 합니다.

끊임없이 도전하면 끊임없이 갈등하겠지만, 그 갈등 속에서 도리어 때마다 우리를 도우시고 승리하게 하시는 성령으로 인해 감사하며 기뻐하게 될 것입니다.

로마서 8장 1-11절

그러므로 이제 그리스도 예수 안에 있는 자에게는 결코 정죄함이 없나니 이는 그리스도 예수 안에 있는 생명의 성령의 법이 죄와 사망의 법에서 너를 해방하였음이라 율법이 육신으로 말미암아 연약하여 할 수 없는 그것을 하나님은 하시나니 곧 죄로 말미암아 자기 아들을 죄 있는 육신의 모양으로 보내어 육신에 죄를 정하사 육신을 따르지 않고 그 영을 따라 행하는 우리에게 율법의 요구가 이루어지게 하려 하심이니라 육신을 따르는 자는 육신의 일을, 영을 따르는 자는 영의 일을 생각하나니 육신의 생각은 사망이요 영의 생각은 생명과 평안이니라 육신의 생각은 하나님과 원수가 되나니 이는 하나님의 법에 굴복하지 아니할 뿐 아니라 할 수도 없음이라 육신에 있는 자들은 하나님을 기쁘시게 할 수 없느니라 만일 너희 속에 하나님의 영이 거하시면 너희가 육신에 있지 아니하고 영에 있나니 누구든지 그리스도의 영이 없으면 그리스도의 사람이 아니라 또 그리스도께서 너희 안에 계시면 몸은 죄로 말미암아 죽은 것이나 영은 의로 말미암아 살아 있는 것이니라 예수를 죽은 자 가운데서 살리신 이의 영이 너희 안에 거하시면 그리스도 예수를 죽은 자 가운데서 살리신 이가 너희 안에 거하시는 그의 영으로 말미암아 너희 죽을 몸도 살리시리라

오늘의 기도	부활의 주님께서 우리에게 주신 영원한 생명의 소망을 굳게 잡고, 오직 성령을 의지하며 믿음으로 살게 하소서.

부활주일

생명이 생명을 낳는 따뜻한 동행

❙ 본문: 누가복음 24장 13-35절
❙ 찬송: 167장 즐겁도다 이 날

예수님의 고난을 묵상한 지난 40일은 예수님의 고난에 동참하는 일이 쉽지 않다는 사실을 깨달았던 날들이었습니다. 우리 역시 성경에 나오는 사람들처럼 예수님을 이해하지 못했고, 핍박했으며, 배반했습니다. 예수님을 힘들게 했던 사람들은 바로 우리였고, 나였습니다. 그래서 부활의 기쁨을 느끼기 전에 부끄러움이 앞섭니다. 하나님 앞에 얼굴을 들지 못하겠습니다. '성도이자 예수님의 제자'란 신분을 반납하고 싶을 만큼 우린 자격 미달입니다.

본문의 시작에도 자격 미달 자 둘이 나옵니다. 그런데 본문의 끝을 보면 그들이 달라져 있습니다. 부활의 예수님이 먼저 그들을 찾아가 만나주시고 같이 걸어주셨기 때문입니다. 부활의 예수님을 만나 같이 걷는 동안 그들에게 변화와 치유가 일어났습니다. 그들의 눈이 열렸고, 마음이 뜨거워졌습니다. 예수님의 부활을 확신하지 못하던 그들은 예루살렘으로 돌아가 자신들처럼 예수님의 부활을 확신하지 못하던 사람들 앞에서 부활의 증인이 되었습니다. 본문을 묵상하면 마음이 열립니다. 마음이 뜨거워집니다. 부활의 예수님을 전하고 싶습니다. 자격 미달이란 생각에 주저앉아 있기보다 예수님처럼 아직 복음을 모르는 사람들을 찾아가 그들과 함께 걸으며 예수님의 부활의 소식을 전해야 합니다.

부활 신앙은 생명이 생명을 낳는 따뜻한 동행입니다. 우리 모두를 살리는 길을 함께 걷는 생명의 걸음입니다. 이 길을 걸을 때, 온 세상이 부활의 주님을 만나게 될 것입니다. 우리 모두 이 따뜻한 동행에 나서게 되기를 축복합니다.

누가복음 24장 13-35절

그 날에 그들 중 둘이 예루살렘에서 이십오 리 되는 엠마오라 하는 마을로 가면서 이 모든 된 일을 서로 이야기하더라 그들이 서로 이야기하며 문의할 때에 예수께서 가까이 이르러 그들과 동행하시나 그들의 눈이 가리어져서 그인 줄 알아보지 못하거늘 예수께서 이르시되 너희가 길 가면서 서로 주고받고 하는 이야기가 무엇이냐 하시니 두 사람이 슬픈 빛을 띠고 머물러 서더라 그 한 사람인 글로바라 하는 자가 대답하여 이르되 당신이 예루살렘에 체류하면서도 요즘 거기서 된 일을 혼자만 알지 못하느냐 이르시되 무슨 일이냐 이르되 나사렛예수의 일이니 그는 하나님과 모든 백성 앞에서 말과 일에 능하신 선지자이거늘 우리 대제사장들과 관리들이 사형 판결에 넘겨 주어 십자가에 못 박았느니라 우리는 이 사람이 이스라엘을 속량할 자라고 바랐노라 이뿐 아니라 이 일이 일어난 지가 사흘째요 또한 우리 중에 어떤 여자들이 우리로 놀라게 하였으니 이는 그들이 새벽에 무덤에 갔다가 그의 시체는 보지 못하고 와서 그가 살아나셨다 하는 천사들의 나타남을 보았다 함이라 또 우리와 함께 한 자 중에 두어 사람이 무덤에 가 과연 여자들이 말한 바와 같음을 보았으나 예수는 보지 못하였느니라 하거늘 이르시되 미련하고 선지자들이 말한 모든 것을 마음에 더디 믿는 자들이여 그리스도가 이런 고난을 받고 자기의 영광에 들어가야 할 것이 아니냐 하시고 이에 모세와 모든 선지자의 글로 시작하여 모든 성경에 쓴 바 자기에 관한 것을 자세히 설명하시니라 그들이 가는 마을에 가까이 가매 예수는 더 가려 하는 것 같이 하시니 그들이 강권하여 이르되 우리와 함께 유하사이다 때가 저물어가고 날이 이미 기울었나이다 하니 이에 그들과 함께 유하러 들어가시니라 그들과 함께 음식 잡수실 때에 떡을 가지사 축사하시고 떼어 그들에게 주시니 그들의 눈이 밝아져 그인 줄 알아 보더니 예수는 그들에게 보이지 아니하시는지라 그들이 서로 말하되 길에서 우리에게 말씀하시고 우리에게 성경을 풀어 주실 때에 우리 속에서 마음이 뜨겁지 아니하더냐 하고 곧 그 때로 일어나 예루살렘에 돌아가보니 열한 제자 및 그들과 함께 한 자들이 모여 있어 말하기를 주께서 과연 살아나시고 시몬에게 보이셨다 하는지라 두 사람도 길에서 된 일과 예수께서 떡을 떼심으로 자기들에게 알려지신 것을 말하더라

| 오늘의 기도 | 생명이 생명을 낳는 부활 신앙으로 살아가게 하소서. |

2022 한국성결교회 사순절 묵상

40일의 여정

지은이 _ 신민규 지형은 신건일 류형창 오원근 이상문(집필순)
감수위원 _ 정상운 김상식 김경수 황덕형
발행일 _ 1판 1쇄 2022년 2월 15일
발행인 _ 한국성결교회연합회
편집인 _ 송우진
책임편집 _ 전영욱
기획/편집 _ 강영아 장주한 이우섭
디자인/일러스트 _ 권미경 하수진
홍보/마케팅 _ 이상욱
행정지원 _ 조미정 김효진

펴낸곳 _ 도서출판 사랑마루
서울시 강남구 테헤란로64길 17(대치동)

대표전화 TEL (02) 3459-1051~2/ FAX (02) 3459-1070
홈페이지 http://www.eholynet.org
등록 2011년 1월 17일 등록번호/ 제2011-000013호
ISBN 979-11-90459-18-1 03230
가격 3,500원